ARTE
DA AULA

sesc

SERVIÇO SOCIAL DO COMÉRCIO
Administração Regional no Estado de São Paulo

Presidente do Conselho Regional
Abram Szajman
Diretor Regional
Danilo Santos de Miranda

Conselho Editorial
Ivan Giannini
Joel Naimayer Padula
Luiz Deoclécio Massaro Galina
Sérgio José Battistelli

Edições Sesc São Paulo
Gerente Iã Paulo Ribeiro
Gerente adjunta Isabel M. M. Alexandre
Coordenação editorial Cristianne Lameirinha, Clívia Ramiro, Francis Manzoni
Produção editorial Thiago Lins
Coordenação gráfica Katia Verissimo
Produção gráfica Fabio Pinotti
Coordenação de comunicação Bruna Zarnoviec Daniel

ARTE
DA AULA

Organização
Denilson Soares Cordeiro
Joaci Pereira Furtado

edições
sesc

© Edições Sesc São Paulo, 2019
Todos os direitos reservados

Preparação Luiz Guasco
Revisão Sílvia Balderama, Ísis De Vitta
Projeto gráfico, capa e diagramação Flávia Castanheira
Fotografias Maria do Carmo Bergamo

Dados Internacionais de Catalogação na Publicação (CIP)

C8116a	Cordeiro, Denilson Soares
	Arte da aula / Organização de Denilson Soares Cordeiro; Joaci Pereira Furtado São Paulo: Edições Sesc São Paulo, 2019 208 p. il.
	ISBN 978-85-9493-162-7
	1. Educação universitária. 2. Ensino. 3. Docência. I. Título. II. Furtado, Joaci Pereira.
	CDD 378

Edições Sesc São Paulo
Rua Cantagalo, 74 – 13º/14º andar
03319-000 – São Paulo SP Brasil
Tel. 55 11 2227-6500
edicoes@edicoes.sescsp.org.br
sescsp.org.br/edicoes
/edicoessescsp

*Para aprender é necessário ouvir por fora
e entender por dentro.*

ANTÔNIO VIEIRA (1608-1697)

APRESENTAÇÃO, 9
Danilo Santos de Miranda

NOTA DOS ORGANIZADORES, 11
Denilson Soares Cordeiro e Joaci Pereira Furtado

O CANTO DO CISNE?, 13
José Pacheco

ALCIR PÉCORA, 23
ATALIBA DE CASTILHO, 47
FRANKLIN LEOPOLDO E SILVA, 65
ISABEL LOUREIRO, 85
JOÃO ADOLFO HANSEN, 103
LEON KOSSOVITCH, 123
MARILENA CHAUI, 141
OLGÁRIA MATOS, 155
RENATO JANINE RIBEIRO, 169
WILLI BOLLE, 187

SOBRE OS AUTORES, 205

APRESENTAÇÃO

Entre as incontáveis transformações sociais ocorridas no longo percurso do século XX, a presença da escola no cotidiano das pessoas figura entre os aspectos mais impactantes da experiência da modernidade. A tendência à universalização da educação gerou debates crescentes a respeito de seu complexo papel, muitas vezes contraditório: ampliar os horizontes culturais e científicos também implicava disciplinar e preparar os indivíduos para a sujeição às novas condições de vida.

Assim, o predomínio de noções tradicionais como instrução, cultivo, mestre, discípulo e tantos termos alusivos a relações de dominação no interior dos processos educativos, foi posto em discussão por teorias que, sustentadas pelos conceitos de liberdade e autonomia, dedicaram-se a abordar as relações professor-aluno em outros termos, colocando efetivamente em xeque a passividade do ato de aprender.

Como se verá nas palavras aqui impressas, tornaram-se anacrônicas as posturas românticas que depositam na figura do professor algum tipo de missão descolada da vida social real. No entanto, a resposta a essa sobrevalorização deve conter também os antídotos contra os discursos de enfraquecimento do papel dos educadores e contra a dissolução da própria educação formal, em que pese a importância dos processos de educação não formal na sociedade contemporânea.

No âmbito da universidade, tais questões guardam uma importância redobrada por implicarem tanto a própria organização do ensino superior quanto por influenciarem a formação de professores de todos os níveis de ensino. Nas últimas décadas, as mudanças de escala e natureza pelas quais passou o ensino superior refletiram diretamente na quantidade de profissionais da educação expostos a tais dilemas, sem que tenha existido propriamente uma preparação correlata das estruturas educacionais.

O presente livro promove o questionamento sobre o papel do educador por meio de entrevistas com professores reconhecidos pelo estímulo à reflexão e pela conjugação entre ensino e pesquisa na universidade. Pondera, ademais, sobre a relação professor-aluno justamente num momento histórico em que o prestígio da educação não resulta em políticas efetivas e quando exigências extra-acadêmicas arriscam o exercício da reflexão crítica.

Organizado por Denilson Cordeiro e Joaci Pereira Furtado, *Arte da aula* rende homenagem a pessoas cujas trajetórias se confundem com o campo da filosofia e das humanidades no Brasil, fornecendo subsídios para a reflexão sobre o dever ser da universidade e os desafios que enfrentarão os professores de hoje e amanhã.

Danilo Santos de Miranda
Diretor Regional do Sesc São Paulo

NOTA DOS ORGANIZADORES

Como é dar aula na universidade? Os depoimentos reunidos neste livro convidam o leitor e a leitora a acompanharem histórias das experiências de grandes mestres das universidades públicas estaduais de São Paulo – como pensam, constroem, refletem e consideram o lugar da aula e do ensino na aprendizagem, na elaboração do trabalho do pensamento, nos temas de pesquisa, na realização da responsabilidade social das instituições de ensino superior e na carreira acadêmica[1].

A aula, segundo todos eles nos ensinaram a considerá-la, é (ou deveria ser sempre) um ato de libertação de quem a acompanha – portanto, trata-se de um gesto ético, de oferecer subsídios, conhecimentos, domínio de técnicas, valores, princípios e espaços para a reflexão, lastros sem os quais não é possível discernir e, por isso, escolher com alguma margem de liberdade e de responsabilidade.

Nós, como professores universitários, temos vivido um tempo de desprestígio crescente da experiência do ensino universitário. Talvez não tenha havido na história da educação superior no Brasil um momento como este, em que há tantas oportunidades de acesso à universidade mas, igualmente, tanta negligência e mesmo ataques à importância do ensino – aqui entendido em sua atividade mais evidente e central: a aula – e a dedicação a ele.

Uma aula sempre acontece sobre um território constituído por textos e afetos, às vezes menos visíveis, nem sempre explícitos, nem sempre sequer reconhecidos. O solo sobre o qual transita o entendimento, o pensamento e a expressão das múltiplas ideias é feito de tinta, papel, entusiasmo e alegria pelo estudo e pela transmissão do conhecimento. Mas o âmbito no qual as aulas se tornam um fértil encontro exige dos envolvidos a observância de um código de conduta, sem o qual os caminhos não se oferecem, porque sequer parecem

---

1 A transcrição desses depoimentos procurou manter a espontaneidade da fala de cada professor ou professora que aceitou discorrer sobre suas experiências e opiniões. Por isso, menções a passagens de filósofos e de outras personalidades são feitas de modo aproximado, conservando-lhes o sentido geral, mas sem adotar o rigor das convenções observadas na escrita de trabalhos científicos ou de divulgação científica. [N.E.]

existir. E o que poderia ser benéfico corre o risco de cair na vala comum dos muitos aborrecimentos meramente escolares.

Não se trata, contudo, de regras fixas. Antes operam no registro de um tipo de arte, mas no sentido antigo de artifícios, de artefatos, de artífices. Cada professor, cada professora, no momento em que prepara e apresenta suas aulas, o faz de um modo singular e, quando colhe êxito, também o faz de maneira autêntica, criativa e estudada.

Foi no intuito de dividir com todos e todas o raro aprendizado das histórias e das circunstâncias vividas por esses professores e professoras, no sentido de manifestar nossa indignação e nosso repúdio ao tipo de universidade atual – em geral excludente, meritocrática, autoritária, burocrática e privatista –, e cientes do valor formativo da memória de experiências tão decisivas que marcaram um momento frutífero, mas já pretérito, das chances que a educação universitária teve (e, quem sabe, ainda possa voltar a ter) no Brasil, que concebemos o projeto deste livro.

A escolha dos nomes que compõem esta reunião de dez depoimentos decorreu de circunstâncias de ordem pessoal, mas considerou, sobretudo, um aspecto que nos parece central: a aula é, por definição, o espaço em que as humanidades exercitam – ou exercitavam, até bem pouco tempo – o "trabalho do pensamento", como diz uma das depoentes. Minimizá-lo em função de outras tarefas tidas como mais "produtivas" ou mesmo abandoná-lo como lugar de mera repetição de saberes prontos, pois, significa uma recusa do pensar.

Denilson Soares Cordeiro
Joaci Pereira Furtado

O CANTO DO CISNE?

Considero um privilégio ter ensejo de ler os depoimentos constantes deste livro. São exercícios de uma escrita sensível, reflexos de uma tomada de consciência do destino da escola e da necessidade de humanização do ato de ensinar. Falam-nos do ofício de professor universitário e das marcas que esse exercício imprimiu nas vidas desses professores e nas dos seus alunos. Sobretudo, demonstram uma verdade nem sempre evidente: há professores que não usam a pedagogia como mera ciência, mas como a arte de ensinar e aprender a arte de viver.

Mesmo exercendo o seu múnus profissional num tempo em que não tiveram de competir com máquinas inteligentes, não ficaram imunes à crise da obsolescência de valores e à necessidade de transformação da educação. Observamos que se decepcionaram com a falta de interesse de muitos alunos que, inertes, prenunciavam o surgimento de uma crise de relações humanas, o anúncio da falência de um determinado modelo de sociedade e de escola.

> Ao longo desses anos todos, enfrentei muitas vezes a apatia dos alunos. [...] Sempre há uma meia dúzia que faz a diferença, que faz o curso valer a pena. Mas a maioria sempre foi, acho que sempre é, mais ou menos apática.
> [...]
> Eu me esforço para dar uma aula muito concentrada e, em geral, me irrito com qualquer comportamento dispersivo dos alunos. (ALCIR PÉCORA)

> Como lido com a apatia na sala de aula? Esse é um grande problema. [...] Ouço o que meus ex-alunos, agora professores, me dizem. Me ponho na pele deles e fico pensando, "meu Deus, acho que sofreria demais". Porque mudou muito, os alunos mudaram muito. Não quero nem dizer que sejam piores, não é isso. É outra geração, é outro tipo de gente. Mas, pensando naqueles meus alunos antigos, que eram apáticos – eram apáticos por quê? [...] Você precisa de técnicas para despertar a atenção deles. É difícil, viu? (ISABEL LOUREIRO)

Essas interrogações são em menor quantidade do que os excertos que refletem satisfação, realização profissional, num tempo em que mais de metade dos docentes não se sente profissionalmente realizada, não se sente valorizada e aponta causas do desgaste: turmas com elevado número de alunos, comportamento indisciplinado e desmotivação, carga horária e burocracia, falta de trabalho em equipa, falta de apoio. Tratar-se-á de mera crise de gerações?

> Eu não tinha ideia de quanto o tempo da minha juventude já podia ser ignorado pelos jovens de hoje. Dá impressão de que você está continuamente fora do assunto, que não vai chegar lá, pois a distância cultural é muito grande, e não há um discurso suficientemente formulado sobre esse fosso. (ALCIR PÉCORA)

> Não sei o que faria hoje, se tivesse de voltar a dar aula na universidade. Tenho a impressão de que os alunos não me respeitariam nem um pouco [...] Eles têm uma linguagem que, provavelmente, eu teria dificuldade de acompanhar. [...] Há uma diferença de geração muito grande. (ISABEL LOUREIRO)

Perante esse preocupante cenário, a Organização Mundial da Saúde (OMS) reconhece a profissão de professor como uma das de maior risco, e a Organização para a Cooperação e Desenvolvimento Econômico (OCDE) promove cimeiras sobre o bem-estar dos professores. Porém, o que se discute nesses encontros é a manutenção de um profundo mal-estar. Um secretário-geral afirmou que "não se deve perder a oportunidade de colocar o bem-estar dos professores no centro das políticas de todos os países" e que o bem-estar dos professores terá de ser percebido como "um tema político de primordial importância". O desgaste emocional, o cansaço, o desânimo, a desmotivação dos professores, talvez sejam sintomas do final de um tempo – do tempo da *arte da aula*.

> Sinto que, hoje, há um medo, uma insegurança no ar, uma falta de confiança entre aluno e professor, que não havia no meu tempo.
> [...]
> Ouço-me dizer coisas que já pensei no passado, que já escrevi, que estavam no meu entendimento anterior, mas que não haviam se eviden-

ciado no presente daquela aula. É o pior momento que posso imaginar numa aula. Parece que você mesmo se perdeu no passado. Você começa a se sentir clonado por uma voz antiga em que, lá, talvez, havia inteligência, mas não mais aqui. Então, é uma luta contra aquilo que você já pensou, até. Você não pode ficar naquilo que já pensou alguma vez, pois você está reproduzindo como autômato uma experiência do texto que não está mais ali. Quando isso ocorre, a aula vai por água abaixo.
[...]
Tendo a pensar nos efeitos negativos do flautista de Hamelin: se você está fazendo alguma coisa de que todo mundo na classe está gostando, alguma coisa você está fazendo de errado. (ALCIR PÉCORA)

Aprecio a honestidade e até mesmo a humildade desses mestres, que são meus contemporâneos. Aposentado, empreendo a tentativa de compreender por que razão, no decurso de uma longa carreira, esses insignes mestres sempre "deram aula".

Aula tanto pode significar *sala onde se lecciona*, como *lição*. E é suposto que, se o professor lecciona, uma aula servirá para que o aluno aprenda a lição. E alguns amigos dizem-me que as aulas que dão já não são como antigamente. Dizem-me que, agora, as preparam ainda com maior cuidado e precisão. Sei que há professores que preparam bem as suas aulas, que definem criteriosamente os seus objetivos, rigorosamente elaboram planos e materiais auxiliares de ensino. Não duvido de que sejam profundos conhecedores do assunto que vão leccionar. Mas terão pensado bem em para quem vão "dar a aula"? Se todos os alunos estarão aptos a recebê-la? Todos irão aprender no mesmo tempo, do mesmo modo, no mesmo ritmo? Se assim for, estarão a incorrer no erro de considerar que Comenius tinha razão...

A partir do século XVII, a *Pampaedia* influenciou o formato da escola, sendo determinante na emergência da Escola da Modernidade, no apogeu da Primeira Revolução Industrial. Nessa obra, Comenius afirmava ser possível ensinar a todos como se fossem um só. Hoje, sabemos que tal desiderato é inviável. E os depoimentos dos mestres disso são prova.

Para uma aula, a presença é fundamental, mas nem sempre ela se traduz como interlocução real. Por exemplo, quando só o professor fala – nem é porque ele queira, só. (ALCIR PÉCORA)

> Falar de uma coisa que você está cansado de saber, de cor, e chega lá e despeja.
> [...]
> Uma aula magnífica, mas que não chega a ninguém, não tem nada. Então, é uma coisa complicada. (FRANKLIN LEOPOLDO E SILVA)

Sempre que um professor me pergunta como poderá ensinar um aluno a construir portfólios de avaliação, ou a elaborar roteiros de estudo de currículo de subjetividade, invariavelmente, respondo: "Dando aula." Perante a réplica do professor – "Mas, eu poderei continuar a dar aula?" –, acrescento: "se sabes dar aula com mestria, se és competente a 'dar aula', é isso que terás de continuar a fazer, até que te sintas seguro e disponível para mudar. Não pode ser apenas aula, ou aula de um só assunto, mas tem de ser valorizada".

> Essa questão de não valorizar muito a aula... Tenho um colega que, quando ele vê aluno rondando pelo corredor, diz: "O que você está fazendo aqui?" "Ah, eu vim assistir a uma aula." "Vai para casa ler, vai para casa estudar! O que você está fazendo aqui?" "Não, mas eu quero assistir à aula de fulana." "Não! Vai embora, não vai assistir aula de ninguém!"
> [...]
> É como esse meu colega sugeriu ao aluno: você ganha muito mais se você ficar lá, na sua casa, lendo o livro para, depois, colocar na sua tese, do que você ficar aqui, discutindo com todo mundo. (FRANKLIN LEOPOLDO E SILVA)

Comenius não estava errado, se situado no seu tempo e no tempo da emergência da Escola da Modernidade, que correspondeu com eficiência e eficácia às necessidades sociais do século XIX. O que está errado, fora de época, é a manutenção de um modelo educacional do século XIX em pleno século XXI. Admiro os mestres de antanho, exímios na arte da aula. Mas, sem negar a pertinência da aula, no modo de fazer escola que ainda temos, pergunto aos professores de hoje se haverá um só modo de fazer escola, se esse modo tem por recurso exclusivo a "aula". Pergunto, também: o que são escolas? Respondem, inevitavelmente, que é um edifício com salas de aula. E eu compreendo que existe ruído na comunicação, que não é a falar que a gente se entende, que é a falar que a gente se desentende. Porque escolas não são prédios, escolas são pessoas.

Escolas são pessoas e as pessoas são os seus valores. E as pessoas dos professores não transmitem aquilo que falam, mas aquilo que são; dado que toda a aprendizagem é antropofágica – eu aprendo o outro, pelo exemplo –, a aprendizagem acontece pela imitação de modelos, e quando é significativa.

Já na Grécia de há milhares de anos havia quem acreditasse serem os humanos capazes de buscar – em si próprios e entre os outros seres – a perfeição possível. Talvez por isso, haja quem insista em ver as realidades com olhos que veem muito para além da aparência das coisas. Acredito que os extraordinários mestres, autores deste livro, ainda possam encontrar respostas às suas interrogações, que ainda possam ver as suas realidades com olhos que veem muito para além da aparência das coisas. Tive oportunidade de conhecer um dos insignes mestres bem de perto, e sei da sua intenção de se rever como protagonista do fim de uma era: a era da *arte da aula*.

> Dar aula, para mim, como lhes disse antes, foi um desdobramento da minha vida de estudante. Passei de estudante para professor sem perceber. Eu era aluno e depois virei professor. [...] Não tinha a menor ideia de como virei professor e comecei a dar aula. (ALCIR PÉCORA)

> Eu me lembro de como foi minha primeira aula. [...] A gente se assustava muito, e esse susto permaneceu durante algum tempo.
> [...]
> Alguém chegava em uma sala e falava. Quem entendeu, entendeu. Quem não entendeu, que entendesse. Não havia, propriamente, uma preparação metódica para aquele que iria ser professor.
> [...]
> A maioria dos meus professores [...] achava que dar aula não é uma coisa que se aprende a fazer. Se faz. E cada um faz do seu jeito. (FRANKLIN LEOPOLDO E SILVA)

É do Sêneca da *arte da aula* a seguinte expressão: *non scholae, sed vitae est docendum*. Não ensinar "para", mas ensinar "com" – é "na vida" e não "para a vida". É no *hic et nunc* da humana existência que a educação acontece. E raramente acontece em sala de aula. Carentes de formação em domínios como a história, a filosofia, ou a psicologia da educação, mas cultos em áreas como a filosofia e a literatura, esses mestres lograram instruir. Mas um preceito freiriano nos diz que a escola não muda o mundo, que a escola muda as pessoas, que, por sua vez, mudam o mundo. Presumo que a paixão de ensinar e o profundo conhecimento científico das áreas de especialização lhes tenha permitido transcender-se e mudar a visão de mundo dos seus alunos. Sem deixarem de lamentar da fraca preparação de muitos deles...

> [Aquelas pessoas] não tinham preparo. Elas tinham de se apropriar de muita coisa que nunca tinham tido para poder acompanhar minimamente um curso. (FRANKLIN LEOPOLDO E SILVA)

> Me mostravam, com dados bastante objetivos, que o *gap* de aprendizado não seria facilmente sanado nos dois anos previstos para o ProFIS. Tinham uma visão mais pessimista sobre a possibilidade de contornar essa formação deficiente. (ALCIR PÉCORA)

Os professores do ensino superior queixam-se dos baixos índices de proficiência dos alunos do ensino "inferior". O "preparo" do ensino médio é condicionado pelo vestibular, ou pelo Enem. O ensino médio projeta a culpa no fundamental. O fundamental atira culpas para a educação infantil e a educação infantil responsabiliza as famílias, não podendo estas responsabilizar o Criador... A sequencialidade regressiva vem condicionando as iniciativas dos legisladores e deitando a perder todo e qualquer esforço de mudança. Pela via da sequencialidade regressiva, o ensino médio determina os objetivos do ensino básico, contribuindo para a perenização de fenômenos como a elitização, a discriminação e a exclusão social. Mas... a universidade não será a matriz do sistema?

> Todos nós tínhamos na cabeça uma frase que o Bento disse [...]: "A aula é o principal acontecimento da universidade". [...] tudo gira em torno da aula. [...] Ela é o acontecimento para o qual você se prepara, os alunos se preparam. [...] A aula como centro da vida universitária. (FRANKLIN LEOPOLDO E SILVA)

> Se o professor que dá a aula presencial se torna monitor, seu papel diminui. Isso afeta seu prestígio, sua valorização. (RENATO JANINE RIBEIRO)

Escutemos o mestre Edgar Morin, que nos fala da necessidade de uma metamorfose, de uma reforma moral, lograda por meio de profundas mudanças no modo de educar e de uma economia ecológica e solidária. Adotemos o princípio kantiano, que nos diz que o objetivo principal da educação é o de desenvolver em cada indivíduo toda a perfeição de que ele seja capaz. E reconheçamos que a prática da aula não permite alcançar esse desiderato. Cedo se sente o incômodo.

> Considero que as minhas primeiras aulas foram uma coisa muito próxima do desastre. Eu me lembro de que ouvi muita reclamação. Os alunos reagiram, querendo, enfim, uma mudança daquilo. Mas os outros que davam aula também não eram muito diferentes de mim.
> [...]
> O pessoal gosta de ouvir a aula, mesmo que ela não seja muito agradável ou inteligível.
> [...]
> E, aí, entravam esses vícios, não é?
> [...]
> E os alunos sentiam isso e absorviam isso como um modo de dar aula.
> [...]
> O aluno sente que você está fazendo aquilo burocraticamente.
> (FRANKLIN LEOPOLDO E SILVA)

A "Declaração universal para a responsabilidade humana" diz-nos que a humanidade, em toda sua diversidade, pertence ao mundo vivo e participa de sua evolução, que os seus destinos são inseparáveis. Propõe princípios gerais, que podem servir de base para um novo pacto social. E Agostinho da Silva diz-nos que *o que importa não é educar, mas evitar que os seres humanos se deseduquem*.

No discurso sobre educação, a palavra utopia é, geralmente, sinônima de impossibilidade. Porém, utópico será algo que indica uma direção, que requer intencionalidade e ação. Concretizar utopias – recriar vínculos, rever e reolhar, reelaborar as práticas – reconfigura a metáfora do mito de Sísifo, o inédito viável freiriano. A nova educação, que emerge do sonho de todos nós, deverá formar o cidadão democrático e participativo, o ser humano sensível e solidário, fraterno e amoroso

> Pelo exercício comum de organizar publicamente um discurso, de argumentar com os demais, com gente que não pensa como você, de encontrar bases, até para discordar. E é isso que faz da aula um acontecimento incontornável. (ALCIR PÉCORA)

Ainda há professores que aprendem, mesmo já aposentados. Que se apercebem da sua incompletude e sabem que o ser humano está em permanente estado de projeto, de reelaboração da cultura pessoal e profissional. Congratulo-me com a iniciativa de universidades que se assumem como "multidiversidades". E reconheço, no afã dos autores dos textos agora dados a ler, alguns pontos de luz, pontos de partida para uma reflexão necessária e urgente: quando e como se aprende?

> O aprendizado é sempre um jogo de convivência social, de inteligência civil. (ALCIR PÉCORA)

> Acredito que professores [...] dão aulas sem saber muito bem como e por que conseguem se equilibrar no arame das experiências das suas aulas. Muitíssimas não dão certo – e imediatamente se percebe quando isso acontece, na cara e no corpo dos alunos. (JOÃO ADOLFO HANSEN)

> Todo aprendizado bom supõe que o aluno não só tenha sua aula, mas que ele aprenda, que ele leia, que ele estude. E esse ler e estudar pode ser ler um livro, pode ser ver um vídeo, pode ser estudar em casa, pode ser estudar em outro lugar. (RENATO JANINE RIBEIRO)

Três rupturas paradigmáticas se sucederam em vertiginoso ritmo, sem que a universidade se desse conta. Após décadas de adaptação de teorias existentes a realidades que se transformaram e perante aceleradas mudanças sociais e inovação tecnológica, os dados da pesquisa no campo da neurociência e da inteligência artificial, ou a sutil convergência entre a teoria da complexidade e a produção científica radicada no paradigma da comunicação, exigem que, para além de uma tomada de consciência da obsolescência do modelo escolar, seja assumido um compromisso ético com a educação. A transição entre o paradigma instrucionista e o paradigma da aprendizagem, que a universidade inicia, talvez seja o prenúncio do "canto do cisne" da *arte da aula*. Os autores deste livro talvez sejam últimos lídimos representantes da nobre arte de ensinar, quando ela se aproxima do momento do derradeiro e belo canto.

> Se a aula é uma arte? Sim, no sentido de que todas as coisas que a gente quer fazer com capricho têm a ver com a arte.
> [...]
> Se o professor tem alguma coisa de ator? Todos nós somos atores.
> (WILLI BOLLE)

A superação do paradigma escolar vigente é uma utopia necessária. Existe a demanda de transformação da educação e de ultrapassar o âmbito restrito da educação escolar, agindo em múltiplos espaços sociais, políticos e culturais. Um novo paradigma emerge, entretanto: o paradigma da comunicação. Na universidade, sucedem-se as teses sobre esse emergente paradigma, frequentemente associado à teoria da complexidade. Paradoxalmente, os seus autores continuam dando aula, prática incompatível com o paradigma que, teoricamente, adotaram.

Num mundo em que imperam princípios de disjunção, de redução, de abstração – o que Morin designava de "paradigma da simplificação" –, um pensamento simplificador impede a conjunção do uno e do múltiplo, anula a diversidade. O paradigma humanista predomina nos documentos de política educativa. Porém, na escola da atualidade, tem pontificado o paradigma racional a par do tecnológico, que vem ganhando relevância, por efeito da ingenuidade pedagógica de entusiastas do uso das novas tecnologias e de um financiamento maciço. A adoção de um determinado paradigma educacional, e a consequente assunção de uma prática pedagógica, não é neutra. Reflete a opção por um determinado tipo de vida em sociedade, de visão de mundo. Separada da Igreja, a universidade não prescindiu de rituais, que se tornaram obsoletos, ou de reforçar títulos e promover relações hierárquicas. Perdendo o monopólio do saber, apenas mantendo o da creditação, a universidade atual desenvolve práticas de natureza meritocrática, burocrática, excludente.

Com referência ao paradigma da comunicação, a produção científica no campo das ciências da educação diz-nos que o ato de aprender não deverá estar centrado no professor, nem no aluno. Aprendemos na intersubjetividade, mediatizados pelo objeto de estudo e pelo mundo, a partir de necessidades pessoais e sociais. Anuncia-se a aprendizagem centrada na relação. Mas, alheada da dimensão científica, a *arte da aula* criou raízes culturais de difícil erradicação.

A vida me ofereceu oportunidades de evitar crises de profissionalidade. Tudo aconteceu quando fui aluno, por influência de três professores que recordo com ternura. O primeiro foi um professor padre, que entrou na sala e perguntou: "O que quereis aprender?" Desse padre professor herdei a inquietação que me conduziu ao primeiro passo de uma aprendizagem que também lhe fiquei a dever: a da escutatória. Também tive um professor poeta, que acendeu trilhos poéticos e me ensinou que existe beleza na arte de ensinar. Guiou-me pelas palavras que estão para lá das palavras, através das ideias que as palavras ocultam.

A mais importante das aparições aconteceria já eu fizera 18 anos. Apaixonei-me pela professora de francês, logo à primeira – amor platônico, como é bom de ver. Era uma mulher fantástica, que se envolvia no que ensinava. Sentíamo-la presente, autêntica, apaixonada. As suas aulas – que eram mais uma espécie de liturgia – produziam em mim um efeito mágico. Eu ficava a contemplá-la, absorvendo o que ela dizia, antropofagicamente haurindo tudo que ela era... na *arte da aula*.

Tal como os autores desta obra, também fui professor universitário, mas sem abandonar o chão da escola pública. Isso me ajudou a compreender as origens do drama. Aceitei prefaciar este livro porque nele me revejo. Nos belos textos que o compõem, encontro gestos sublimes de elevado profissionalismo e sutil autocrítica. Ao longo de meio século, desenvolvi uma incompetência – prescindi da arte da oratória, da *arte da aula*. Mas, sempre que posso, assisto a aulas. Porque, na escola da *arte da aula*, nutri afetos e aprendi a vida com um padre, um poeta e uma professora de francês. E porque os mestres, cujos depoimentos compõem este livro, acenderam memórias desse tempo, bem hajam!

José Pacheco

ALCIR PÉCORA

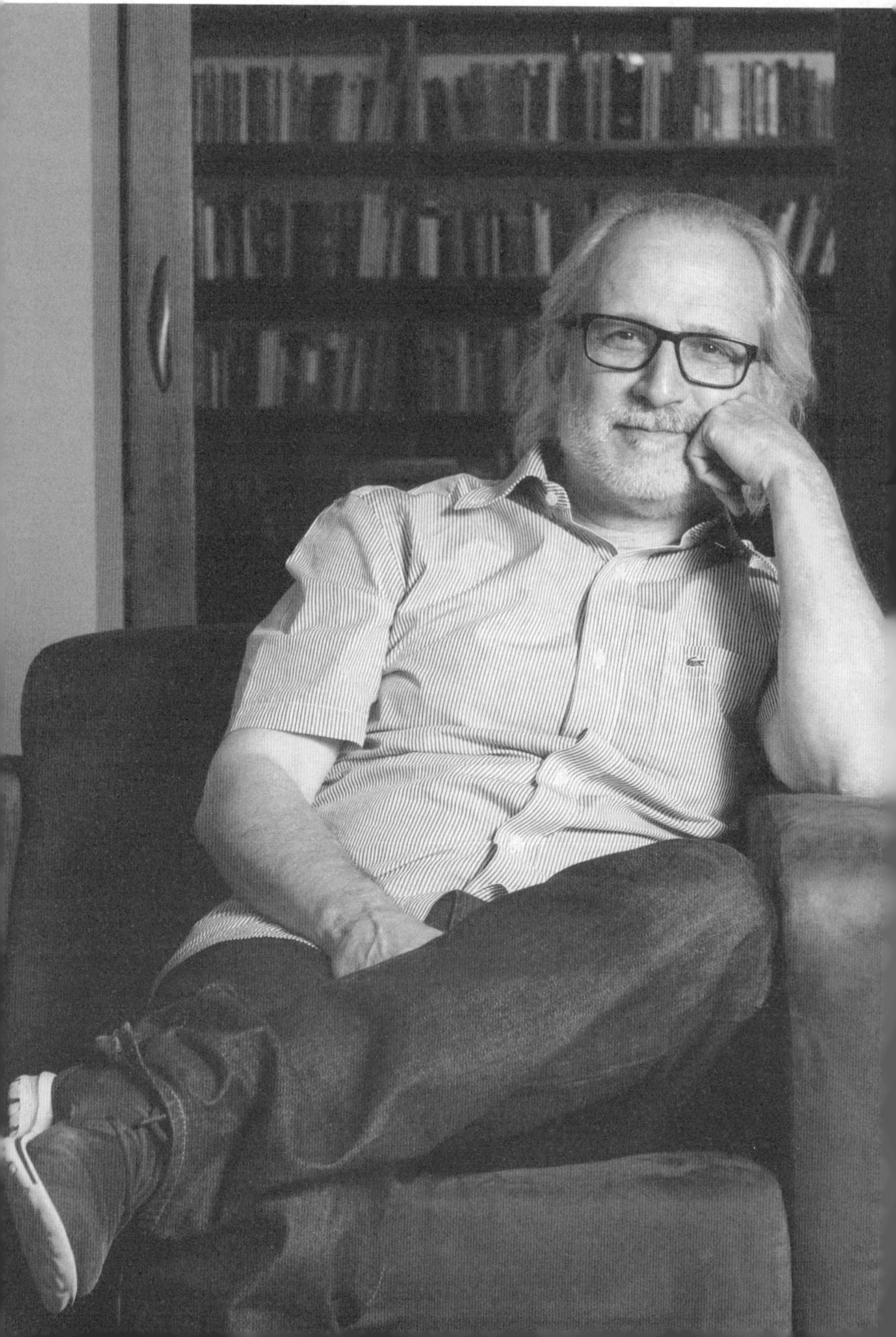

Não consigo me lembrar de minha primeira aula como professor universitário. Lembro-me das circunstâncias apenas. Porque a minha primeira aula, como professor universitário, deve ter sido como monitor do Haquira Osakabe, professor de análise do discurso, do Departamento de Linguística. Então, com certeza, foi alguma aula em torno desse assunto. Mas não tenho nenhuma ideia exata, de um dia especial, nenhuma sensação duradoura... O frio na barriga existiu sempre. Não chego mais a ter frio na barriga, mas um certo incômodo, sempre – a cada vez que entro em sala, a cada nova matéria. Nunca me senti completamente à vontade nas aulas. Mas, claro, naquele período eu devia mesmo ter frio na barriga: era muito novo. Fui contratado como monitor da Unicamp em março de 1975. Ou seja, tinha 20 anos. Era mais novo do que boa parte dos alunos, que entravam mais tarde do que hoje na universidade. Mas também não me lembro de sentir grandes problemas com isso. Talvez tenha sido apenas inconsequente. Estava ainda no terceiro ano da graduação. Acho que nem cheguei a ter uma noção exata do que estava fazendo ali.

Mas sei que, dois anos depois, em 1977, fui efetivado como docente do Departamento de Teoria Literária e comecei a dar aula no chamado ciclo básico. Dava aula de redação, basicamente, para todas as áreas da universidade, numa disciplina com um nome mais pomposo: Prática de Produção de Textos. Eram classes grandes. Acho que nunca foi confortável dar aulas. Estou lhe falando mais pelo que imagino hoje do que pelo que realmente senti na época, porque, como lhe disse, em termos concretos, não me lembro de nenhuma preocupação particular minha. A ideia de dar aula na universidade talvez não tivesse o peso que tem hoje. Eu tinha mais uma ideia de discutir os livros que estava lendo, aquele entusiasmo de participar de uma universidade nova, não de ser professor, exatamente.

Também não me lembro de alguma aula especialmente marcante que eu tivesse dado. Nunca me impressionei com nenhuma que eu mesmo desse. Algumas vezes, senti que a aula foi má – até meio frequentemente, isso. Mas também não me lembro de uma que foi tão horrível a ponto de me lembrar ainda hoje do desastre. Me lembro, sim, de várias aulas interessantes, talvez mais pelas circunstâncias. Certa vez, por exemplo, os alunos estavam em greve, e um grupo do comando de greve estava impedindo que as aulas fossem dadas, com piquete, barricada na porta das salas etc. O normal, você sabe. E era um curso sobre o La Rochefoucauld, um autor aristocrático, com aforismos cortantes, terríveis, que não permitem nenhuma ilusão sobre nada. Você sabe, ele viveu aquele momento de uma aristocracia já um pouco banida de Versalhes. O rei atuava fundamentalmente de forma a fortalecer o governo central e desqualificar as forças tradicionais concorrentes dele. Então, os aristocratas, atacados sistematicamente, perdendo antigos privilégios, fortunas, filhos e parentes nas guerras internas, enlouqueceram um pouco. Essa geração é muito interessante, a dessa alta aristocracia que fez os levantes da chamada Fronda, e que, desalojada de suas terras, ficava ali, por Paris, fazendo barricadas, misturando-se com a canalha da cidade, participando de guerras contra o rei – que eles perderam, quase todas. Essas máximas de La Rochefoucauld são tremendas, no sentido de um desengano radical. Não é à toa que Nietzsche o lia. Sabe o *Filosofia a golpes de martelo*? Para mim, é um título estritamente rochefoucauldiano.

Então, o curso era sobre as máximas e havia aquele impedimento de dar aula por parte de um grupo, mas acontece que boa parte da classe queria a aula. Acho que estava meio masoquisticamente ligada nas porradas de La Rochefoucauld. Toda aula era um desmonte, em todos os campos: amor, casamento, família, política, carreira etc. Era anunciar o tema e lá vinha a demolição. Enfim, os alunos queriam porque queriam aula. E os que lideravam o piquete acabaram percebendo o impasse e me propuseram que desse a aula, mas não na sala de aula, e sim no corredor, e que fosse entendida não como aula, mas como atividade de greve. Por mim, tanto se me dava esse protocolo simbólico. Se me permitiam dar aula, no corredor ou não, e se havia aluno querendo assistir a ela, por mim, estava bem. Só deixei claro que não permitiria que a aula tomasse outra direção, saísse de seu assunto próprio para tornar-se instrumento de proselitismo. Eles concordaram e, afinal, correu tudo muito bem. Dei a aula no corredor. Vieram muitos alunos de outras classes e cursos, todos muito atentos e respeitosos. Era uma aula bem normal até, mas também ficou com uma cara de *happening*: todo mundo ali, no corredor, sentado ou deitado, prestando muita atenção. E tudo com La Rochefoucauld falando as piores coisas para rapazes idealistas. Então, essa foi uma aula de que me lembro bem, porque foi engraçado dar aula no corredor e, também, pela força da exigência inesperada dos alunos que queriam aulas.

Outra aula de que me lembro ainda hoje aconteceu bem no início de meu período de docente, quando dava aula de redação no básico, entre 1977 e 1979. Teve uma vez que bolei um exercício em que os alunos deviam completar uma frase inicial que escrevi na lousa, a cada vez tendo de reforçar o argumento anterior. Eram aulas em geral associadas à construção e discussão de provas discursivas, e eu costumava dividir a turma entre os que deviam ser contra e os que tinham de ser a favor de determinada questão, tomando por base exercícios retóricos tradicionais. Enfim, o caso é que escrevi a frase inicial, e pedia para que, um a um, os alunos fossem à lousa, pegassem o giz e tentassem desenvolvê-la, numa ou noutra direção. Um aluno vinha, escrevia outra frase, vinha um outro tentando reforçar ou contradizer o que o outro tinha escrito, e assim por diante. Aí, foram escrevendo e, num determinado momento, a frase já tinha tomado toda a lousa, e eles continuaram a escrever fora dela. E, assim, a frase foi atravessando aquela sala imensa do básico, em forma de auditório. A frase foi subindo em direção à porta, acabou saindo da sala e começou a rodar pelo lado de fora do prédio do básico. A ideia não foi minha, não pensei que aquilo poderia tomar aquela forma, mas eu também comecei a me divertir com aquilo e deixei rolar. Fomos todos para fora da sala, acompanhar até onde ia aquele serpenteio da frase em torno do prédio. A certa altura, deu o sinal de fim de aula e eu, claro, dei a aula por encerrada. Nem sei se o pessoal continuou escrevendo; talvez tenha continuado, mas eu fui embora. Vejam, foi uma aula interessante, mas o que me fez lembrar dela, até hoje, não foi o que eu fiz, mas o que a classe fez. Acho que um pouco como no outro caso. Curioso: percebo agora que, nos dois casos que me vieram à cabeça, acabamos saindo da classe... Que sentido terá isso? Algum há de ter.

Fora essas aulas meio circunstanciais, me lembro mais das aulas de professores que tive do que das aulas que eu mesmo dei. Gostava muito das aulas do João Lafetá, da Maria Lúcia Dal Farra, do Luiz Orlandi, do Fernando Novais, do Luiz Gonzaga Belluzzo... Havia, também, muito professor ruim, mas desses não vamos falar. Vamos celebrar aqui o bom professor, não é? O Haquira Osakabe, que foi meu orientador de mestrado, era um professor fantástico. Nunca me senti capaz de empolgar alguém como eles me empolgavam. Como professor, minha sensação era a de que estava ali mais experimentando hipóteses, pensando aplicadamente sobre um assunto, do que, propriamente, ensinando algo de definitivo sobre aquilo.

Ah, sim! As aulas do ProFIS! Essa foi, também, uma grande experiência como professor – talvez tenha sido a mais emocionante, para mim. Na Unicamp, tem um programa que é muito interessante, criado por um reitor brilhante que houve aqui, o Fernando Costa. Ele sabia que o grau de desigualdade existente no Brasil necessariamente levava à perda de grandes inteligências, que não tinham oportunidades para se desenvolver. Ele pensava isso não em termos ideológicos, mas tinha, realmente, uma consciência aguda do desperdício de talentos no Brasil. Então, ele fez esse programa, o ProFIS, cuja sigla nem sei exatamente o que significa. O que sei é que, em Campinas, havia 96 escolas públicas municipais. O programa do Fernando Costa previa que os 120 melhores alunos de ensino médio das escolas públicas de Campinas, ou seja, os 96 melhores alunos de cada uma das 96 escolas, mais os segundos alunos, até que se completasse um total de 120 alunos, entrariam na Unicamp para um curso preparatório, com duração de dois anos, até que escolhessem um curso de graduação para seguir, sem precisar fazer vestibular. O incrível é que, nesse grupo, havia um percentual enorme que jamais havia tido qualquer membro da família como aluno da Unicamp.

Eram ótimos alunos em suas escolas, é certo; mas se tratava, geralmente, de escolas precárias, que lidavam com muitas dificuldades. Não fosse o ProFIS, nunca pensariam em vir para a Unicamp. A maioria dos alunos não era branca, o que era bem diferente dos cursos tradicionais da Unicamp. Enfim, achei que a ideia do ProFIS era inteligente, generosa, e me voluntariei, com outros três professores, para dar a disciplina de literatura. Foi uma grande surpresa. Eu havia dado aula, durante pouco tempo, numa escola de periferia de Campinas, no bairro do Matão. Mas fazia muito tempo, já nem me lembrava mais de como era dar aula para alunos tão novos e bagunceiros. Era muita gente, 120 alunos. Para agravar o quadro, eu tinha dificuldade para falar alto, desde que tive uma úlcera na garganta. Então, tinha de dar aula com microfone, o que não era uma coisa habitual para mim, pois o número de alunos do curso de estudos literários nunca foi muito grande.

Houve uma certa dúvida entre os professores de literatura. O que fazer para dar aula para esses alunos? Cada um imaginou uma estratégia. Os que eram especialistas em literatura moderna ou contemporânea tiveram a ideia de dar textos falando sobre assuntos que interessavam mais diretamente a eles. Qualquer coisa mais afetiva, que dissesse respeito a questões adolescentes, que pudessem ser tratadas num gênero mais imediatamente legível, como a crônica, por exemplo. De minha parte, resolvi fazer exatamente o mesmo que fazia com os alunos dos meus cursos habituais na Unicamp. Pensei em levar para eles um tipo de leitura que não teriam normalmente. E resolvi dar Petrarca, que era tema dos cursos que eu estava dando na graduação naquele momento. O problema é que não havia nenhuma tradução realmente boa de Petrarca – do *Cancioneiro*, sobretudo. E, aí, pensei em dar os poemas no original italiano, aproveitando as aulas, também, para ir traduzindo os poemas junto com eles. E foi o que eu fiz: fui ensinando italiano junto com o poema. Não um italiano para falar, claro; mas um italiano que era mais um tateio para o entendimento de cada palavra e frase do poema. E os alunos, ao longo do tempo, foram se interessando por aquilo – esse jogo meio de charada, meio de cabra-cega. Vários deles começaram a participar ativamente das aulas. Diminuiu muito, a bagunça. Alguns, supreendentemente, chegavam a se emocionar com os poemas. O que não é trivial, pois Petrarca é intrincado e cerebral, antes de ser imediatamente emocionante. Mas eles, algumas vezes, ficaram muito emocionados, possivelmente pela própria descoberta de sua capacidade de leitura. Foi ótimo; terminei o curso meio eufórico. Nunca me aconteceu isso, foi a única vez. Terminei achando que tinha feito um grande acerto ao apostar na ideia de que, em aula, não é preciso facilitar. Não precisa facilitar nada, se você trabalhar duro com os alunos.

E, mais do que isso, o que aconteceu foi o seguinte: acreditei no poder da literatura. A poesia de Petrarca, a certa altura, começou a falar mais alto que todo mundo. Quer dizer, ninguém nunca tinha lido um texto como aquele. Os alunos começaram a querer ouvir o inteiramente novo. Acho que não era nem mesmo entender, mas ouvir: perceber a sonoridade, as aliterações, porque o *Cancioneiro*, além de ser um poema muito cerebral, é também muito *matérico*. Acho, então, que a poesia falou mais alto do que todo mundo, do que todas as incompreensões, lacunas. E, de alguma forma, num dado momento, parecia que estava todo mundo se entendendo perfeitamente. E aí, surpreendentemente, quando acabava a aula, vinha um monte de alunos atrás de mim. Eu vinha, a pé, na direção da minha casa, que é bem ao lado da Unicamp, e eles vinham comigo, meio espontaneamente, até quase o alambrado que demarcava o terreno da universidade. Me sentia, assim, até meio mal. Pensava no flautista de Hamelin. É uma imagem que me vinha à cabeça, tão logo terminava a aula e eles seguiam comigo. Me veio um bruto peso da responsabilidade, sabe? Eu queria, até, fazer alguma coisa um pouco para desiludi-los, talvez. Para que não tivessem nenhum idealismo sobre a literatura, nem sobre coisa nenhuma. Porque a vida era mais dura do que isso. Mas, enfim, o êxito do curso tinha muito a ver com a surpresa que eles mesmos tiveram ao saber que podiam aprender uma língua estrangeira, uma língua antiga, um poema que parecia, inicialmente, além de toda a compreensão.

Mas eu falava com os professores que davam matérias de exatas no ProFIS, professores muito sérios e comprometidos também, e eles, em geral, não eram tão otimistas como eu sobre o aprendizado desses alunos. Muitos notavam e me mostravam, com dados bastante objetivos, que o *gap* de aprendizado não seria facilmente sanado nos dois anos previstos para o ProFIS. Tinham uma visão mais pessimista sobre a possibilidade de contornar essa formação deficiente, entende? Acho que o problema é mesmo complicado, e que não vai se resolver tranquilamente. Mas o ProFIS me mostrou que a grande literatura pode falar a qualquer um; sobre isso, não tenho a menor dúvida.

Ao longo desses anos todos, enfrentei muitas vezes a apatia dos alunos. Houve também turmas com alunos excepcionais, que produziam um tipo de animação grande e que enganavam um pouco a visão do conjunto da classe. Sempre há uma meia dúzia que faz a diferença, que faz o curso valer a pena. Mas a maioria sempre foi, acho que sempre é, mais ou menos apática. Não sei se, atualmente, está pior, mas é certo que há uma distância maior entre a minha experiência e a dos alunos, o que não é de estranhar, dada a minha própria idade, hoje. Mas sinto que, hoje, há um medo, uma insegurança no ar, uma falta de confiança entre aluno e professor, que não havia no meu tempo – o que é uma coisa bem estranha de se dizer, considerando que vivíamos, então, uma ditadura e que eu estudei justamente durante o período mais bravo dela, no início dos anos 1970. Vamos pensar um pouco no meu caso. Para começar, nunca tive a menor preocupação com emprego. Não muda tudo, em relação aos dias de hoje? O emprego na Unicamp caiu na minha mão. A rigor, eu nem queria. Tinha uma bolsa para a França, com um orientador em Paris, quando quiseram me contratar aqui, no Departamento de Teoria Literária. A bolsa acabou atrasando, eu estava para me casar e achei melhor aceitar, por comodismo. E, olha, nem letras eu tinha feito. Fiz artes plásticas primeiro e ciências humanas depois. E, ainda assim, nunca pensei que ia ficar sem emprego ou que não ia conseguir trabalhar no que eu queria, entendeu? Nessa época, trabalhava como *freelancer* na Editora Ática, em São Paulo – fazia aquelas notas de rodapé e os tais "suplementos de professor" dos livros da série Bom Livro. Dava para viver com aquilo, mesmo sem estabilidade ou garantia de continuidade da coleção. Tudo o que eu tinha a meu favor era a simpatia do Jiro Takahashi, o editor da coleção, mas eu não achava que o futuro podia me trazer alguma surpresa ruim. Eu tinha uma tremenda confiança no futuro, e, talvez, nada seja mais estranho aos dias de hoje do que afirmar um sentimento desse tipo.

Outro ponto: consideremos a minha formação. Fiz tudo devagar, no tempo que bem quis. O meu doutorado, levei dez anos pra fazer. Só acabei o doutorado porque tinha acabado o que tinha para dizer. Contraponham isso à correria de hoje. O aluno de pós-graduação já entra preocupado com prazos, e não só em aproveitar o curso, conhecer autores, debater livros e teses... Também precisa publicar. Diria que se preocupa até mais em publicar do que com qualquer outra coisa. Até o aluno da graduação precisa publicar, se pretender uma bolsa. Dia desses, recebi uma resposta de um parecerista da Fapesp sobre o projeto de mestrado de uma excelente aluna minha, recém-saída da graduação, em que ele recusava o auxílio, apontando, entre outros motivos de mesma ordem, o fato de ela ainda não ter publicações. Caramba, ainda bem! A aluna foi ler, estudar, fez um bom projeto, não foi logo se metendo a dar opiniões, em revistas que ninguém lê, sobre um assunto que ainda não conhecia suficientemente bem.

A confiança no trabalho, a imaginação de um futuro acolhedor em relação aos desejos, a possibilidade de ter uma formação em que a própria formação basta como justificativa de estudo... tudo isso parece ter acabado, e cria uma tensão que era desconhecida no meu tempo de aluno. E a pressão vem de todos os lados. Por exemplo, tem congresso científico na graduação, os Pibic, a pressão para ser PED ou PAD e vários outros incentivos constrangedores. Quer dizer, o grau de profissionalismo – ou de profissionalização da carreira universitária – conflita duramente com a ideia de uma formação ampla e generalista. Tive a chance de ter essa formação e acho que ela ainda é a melhor que uma universidade pode propiciar. Tanto é que, como disse, nunca fiz letras. Fiz ciências humanas, e gostava especialmente de economia, que era uma terminalidade bem forte do curso da Unicamp. Minha formação teve, portanto, uma abrangência que hoje não seria comum.

Como professor, acho um pouco tonto ver todo mundo querendo saber qual é o nível da revista, para saber se publica nela ou não, se é internacional ou não. Por sorte, tenho privilégios de morto, como diria Vieira, e já não preciso correr atrás de nada disso. Vou fazendo o que quero, ou o que me pedem e eu acho razoável fazer, sem me perguntar sobre nível da revista e outros dados de publicação para os quais as pessoas hoje estão atentas. E é bom que estejam, pois, senão, podem se dar mal. Por exemplo, para pedir as reclassificações da carreira, esse tipo de coisa conta. Há alguma coisa de muito pesado na universidade, hoje, que não havia antes. Como se a profissionalização ou o ambiente competitivo e institucionalizado prevalecesse sobre o desejo da formação, de estudo. A informalidade de antes tinha os seus encantos, embora, obviamente, também tivesse limitações. Dinheiro, por exemplo, nunca havia. Bolsas de estudo, raramente. Nada de *academic business*, naquela época.

Mas, voltando à questão dos alunos, acho que, aqui, no curso de Estudos Literários da Unicamp, há uma vantagem sobre os cursos tradicionais de letras. Trata-se, apenas, de um bacharelado: o aluno não tem licenciatura, não se capacita para dar aula; não está ligado, profissionalmente, a uma carreira imediata. Então, a tendência é a de só vir para cá quem gosta mesmo de literatura e está disposto a jogar algum tempo da vida aí, sem garantia de aproveitamento profissional. Mas claro que isso também significa que ele tenha condições de jogar esse tempo sem precisar, imediatamente, de dinheiro para a sobrevivência. O que também revela outro problema: o de que os cursos em que a formação ampla pode ser bem-sucedida acabam, mais ou menos, incidindo sobre a população mais privilegiada economicamente. Então, como veem, são muitas as contradições a enfrentar.

Do ponto de vista que estou tentando definir, a apatia, estranhamente, não deixa de ser resultado de um projeto muito definido de profissionalização. Talvez haja mais elementos importantes. Estou falando apenas do que me vem à cabeça. De modo geral, esse ambiente de profissionalização, no Brasil, está sendo realizado de uma forma infeliz. Você fala para o aluno procurar um livro, um autor, e ele está preocupado não em procurar, mas em ter logo nas mãos, de bandeja, a referência ou a cópia. Não quer perder tempo, pois entende pesquisa como ter resultados, e resultado significa, basicamente, ter dados positivos para apresentar em algum relatório. Mas não há atalhos para os resultados em cultura, entendem? O caminho é, necessariamente, longo e perturbado. A pressa, ou a pressão, nesses termos de contabilidade burocrática, contamina e prejudica tudo. O que uma boa formação precisa é de estudo livre, de conversa sobre assuntos diversos, de várias áreas: vai ler história, vai ler filosofia, cruzar esses vários campos, vai estudar ciências, sei lá! Gosto dessa ideia de circular em vários campos. Mas não há como fazer isso se o aluno tem de produzir antes de aprender. Falam muito que isso é uma americanização do processo de formação. Seja; mas olhem que, nos Estados Unidos, isso é muito diferente. Já estive em várias universidades dos Estados Unidos, e, ao menos nas boas, não há nada como aqui. Lá, o aluno pode cursar tudo o que a universidade oferece: praticamente todas as disciplinas, em todas as áreas; está tudo à disposição dele. Aqui, bem ao contrário, o aluno não pode fazer nada que não seja estritamente do curso dele. Porque, se é de filosofia e quiser assistir a uma aula de história ou de sociologia, ele não consegue – e vice-versa, porque tem sempre um gerente da área que não deixa, que fica fazendo uma espécie de... sabe, aquela coisa da tirania do porteiro? Tem sempre um porteiro qualquer por ali, impedindo a passagem livre. Então, aqui é tudo travado; se é americanização, é muito malfeita.

Além disso, o número de disciplinas é muito grande por aqui. Nos Estados Unidos, além da enorme oferta de disciplinas à escolha do aluno, há previsão de bastante tempo para estudar. Não é essa quantidade de obrigatórias que tem aqui, onde o aluno está ilhado na sua área e, ainda, atulhado de disciplinas. O resultado, me parece, é que o curso fica escolar, menos que profissional. Escolar no mau sentido: sem que permita uma formação de fato. Tudo isso deixa o curso pouco atraente, a própria estrutura dos cursos é meio caduca. Acho que tinha de ser mais aberta, mais *open-minded*.

Então, esses dois elementos – circunscrição burocratizada da formação especializada e ainda pressão pseudoprofissional –, combinados, fazem com que os alunos entrem animados e terminem sempre sem graça. Isso é muito palpável. No primeiro ano há uma animação que já está morta no quarto ano. Nós temos de ter alguma responsabilidade sobre isso. O aluno não pode sair tão abatido moralmente e a gente – digo, os professores, os administradores das universidades – não ter culpa, entende? Certo, o cara envelheceu, passou dos 18 aos 20, mas, ainda assim, é muito cedo para desanimar. Ele vai viver mais 60 anos com esse tédio de vencido da vida? Na pós-graduação, o tom geral é muito deceptivo. É muito mais fácil dar aula na pós do que na graduação, pois você é muito menos exigido pelos alunos. E não deveria ser assim, não é? O ambiente é meio desanimado.

Entretanto, acho que a aula é um momento muito importante na formação do estudante. Não pode ser apenas aula, ou aula de um só assunto, mas tem de ser valorizada. A aula, da maneira como entendo, é basicamente um momento de reflexão. Quer dizer, ela implica estudo, concentração mental, formulação de hipóteses de interpretação. Quando dou aulas, não penso que vou lá ensinar uma coisa que eu já sei. O saber não pode estar no passado. Sempre faço um tipo de discussão ou um *close reading* em torno de um poema, de um livro, de um autor. Você lê ou relê junto com os alunos e tenta extrair possibilidades de interpretação. É um exercício de acutização da inteligência. Eu me esforço para dar uma aula muito concentrada e, em geral, me irrito com qualquer comportamento dispersivo dos alunos ou de confusão e barulho fora da classe. Por exemplo, aqui na Unicamp há uma fanfarra muito ruim, que irrompe a qualquer hora e complica qualquer concentração. Talvez, se fosse melhor, tivesse mais ritmo, até ajudasse, mas do jeito que é, trôpega, incapaz de seguir qualquer ordem, não permite a continuidade de nenhum raciocínio.

É importante esse esforço de concentração para a formulação de um problema de maneira pública. Porque, sozinho, você pula etapas que podem ser importantes para a sustentação da reflexão e, em público, você tem de organizar mais o raciocínio. É fundamental. Muitas vezes, quando escrevo alguma coisa depois de ter dado aulas sobre ela, sinto que a desenvolvo melhor. Quero dizer que, desse ponto de vista, a aula é fundamental como atividade do professor, e não apenas do aluno. Para o aluno, como formação, é também importante, mas não só pelo que o professor diz ou ensina, mas, sobretudo, pelo exercício comum de organizar publicamente um discurso, de argumentar com os demais, com gente que não pensa como você, de encontrar bases, até para discordar. E é isso que faz da aula um acontecimento incontornável. Você tem de construir uma inteligência pública, não é? Nada substitui isso. Escrever não é a mesma coisa. Quer dizer, quando a interlocução não está tão presente... Platão fala disso no *Fedro*. Para uma aula, a presença é fundamental, mas nem sempre ela se traduz como interlocução real. Por exemplo, quando só o professor fala – nem é porque ele queira, só. Às vezes, fica uma distância difícil de transpor. As pessoas talvez já não tenham a mesma disposição de disputa de quando eu dava aula lá, no básico, mas o caso é que uma aula necessariamente implica o esforço de construção de um diálogo efetivo.

Continuemos a comparar com a escrita. Pode ajudar. Há gente que escreve muito, e o discurso tende a ficar muito autocentrado, até esvaziado: a escrita é como um ciscar miúdo no meio de autorreferências. Ainda é mais grave no Brasil, onde as pessoas, na universidade, tendem muito rapidamente a se filiar a uma autoridade, a uma linguagem, a um vocabulário final, a um tipo de jargão em que se sentem mais à vontade, mais protegidas. Quer dizer, sem perceber, elas deixam de ser capazes de se colocar diante da variedade e diversidade das interlocuções ou das formas de pensar. Além do repertório ser reduzido, reduz-se a capacidade de fabricar linguagens de passagem, hipóteses sobre objetos novos, em auditórios diversificados. Acho que, na aula, o que é mais decisivo é justamente o estímulo a formular teorias de passagem, com as quais você lida com questões que admitem olhares diversos, fazendo-as circular entre vários campos do pensamento. A aula é o lugar em que você é confrontado com interlocuções diversas, situações diferentes de aprendizado, maneiras diferentes de conceber uma questão ou ver um objeto, e é desse confronto de diferenças que nascem as melhores hipóteses sobre a questão.

Isso não quer dizer que a aula seja apenas improvisação e presença de espírito, embora isso conte muito. De fato, até hoje, preparo muito a aula. Todas as aulas, basicamente, eu tento preparar de uma maneira mais ou menos determinada. Assim, quando tenho de dar um texto, necessariamente o leio ou releio, mesmo quando faz pouco tempo que o li, e faço um fichamento dele, mais ou menos detalhado. Mas não dou a aula exatamente a partir do fichamento. Ficho, organizo ideias sobre o material que estudo e acabo produzindo algum esquema reflexivo, com possibilidades diversas de desenvolvimento. Assim, no fichamento, vou de uma coisa bem descritiva para esquemas mais abstratos, até ter uma visão quase geométrica do texto, como se eu fosse desenhar a sua forma. Isso é o meu procedimento mais básico e irredutível de preparação da aula.

Para escrever, posteriormente, também uso bastante esse esquema prévio. Nunca escrevo ao sabor da inspiração. Talvez por conta de meus estudos jesuíticos. Santo Inácio de Loyola proibia isso absolutamente. Dizia que qualquer texto que você queira escrever, você nunca pode publicar a primeira versão dele. Você tem de reescrever, necessariamente. Quando ele instituiu essa obrigatoriedade da reescritura, os padres reclamaram muito, dizendo que não tinham tempo sobrando, como ele, que ficava plantado lá em Roma a dar ordens aos que estavam trabalhando duro em missões pelo mundo. Ele tolerou as reclamações, mas não voltou atrás na decisão da reescritura: considerava que todo discurso público tinha de ser pensado enquanto efeito de publicidade, o que, portanto, implicava relê-lo e pensar nos seus efeitos sobre os diferentes auditórios que o poderiam ler. Então, acabei exercitando essa consciência da instância pública da interpretação do que escrevo: escrevo, reescrevo, até ter uma visão mais ou menos panorâmica do que escrevi. Posso mostrar, se vocês quiserem, alguns desses fichamentos. Tenho dezenas, centenas. Todas essas páginas que vocês estão vendo aí, é tudo fichamento.

Enfim, preparo bastante a aula. Quando estou em classe, tenho uma ideia bastante clara das etapas principais de elaboração do material. Mas não dou o meu próprio esquema como matéria a estudar ou a substituir a obra. Como disse antes, parto sempre do recurso do *close reading*, ou seja, da leitura efetiva, em classe, dos textos, de trechos deles. Mesmo questões teóricas, tendo a levantá-las a partir da leitura dos próprios textos, sempre voltando para os momentos de concentração intelectual capazes de produzir um pensamento em ato. Esse esforço de tornar presente a reflexão é o mais essencial e, também, o mais prazeroso para mim: é quando você percebe que está realmente num processo de descoberta ali mesmo, dentro da sala de aula.

Assim, não entendo aula como improviso. É muito raro que eu entre na sala sem saber o que vou fazer. E, por isso, dar aula é também muito cansativo. Às vezes, estou muito cansado e então começo mais a lembrar do que pensei antes do que a estar realmente presente na aula. Então, ouço-me dizer coisas que já pensei no passado, que já escrevi, que estavam no meu entendimento anterior, mas que não haviam se evidenciado no presente daquela aula. É o pior momento que posso imaginar numa aula. Parece que você mesmo se perdeu no passado. Você começa a se sentir clonado por uma voz antiga em que, lá, talvez, havia inteligência, mas não mais aqui. Então, é uma luta contra aquilo que você já pensou, até. Você não pode ficar naquilo que já pensou alguma vez, pois você está reproduzindo como autômato uma experiência do texto que não está mais ali. Quando isso ocorre, a aula vai por água abaixo. Ou seja, para resumir o que estou tentando dizer: de um lado, há um esforço muito grande de preparação da aula, mas, de outro, o esforço tem de ser o de tentar impedir que essa reflexão do passado, não importa se boa ou má, se sobreponha àquela que se apresenta na sala.

Não vejo nisso qualquer relação com o teatro. Muita gente fala disso, da aula como uma encenação teatral, mas não compro esse argumento, como dizem os americanos. Pode ser que haja, até, uma impostação de uma *persona* pública que fala a outros. Por exemplo, entre os meus velhos professores, o Novais era completamente teatral. Não sei se você, Joaci, teve aula com ele. O Novais era pequenininho, mas fazia grandes gestos. Ele falava do Brasil colônia como se o mundo inteiro estivesse aberto diante dele, e ele tivesse de adotar um tipo de explicação necessariamente monumental. Havia um tom quase épico na sua forma de dar aula. No meu caso, não sinto esse ímpeto dramático, muito menos épico. Sinto mais o esforço reflexivo, como lhe disse. Até porque, se eu sentisse que algum gesto meu, algum tipo de movimentação pela sala ou de habilidade performática qualquer prevalecesse sobre o pensamento, acho que eu iria ter o mesmo incômodo que referi anteriormente, quando você percebe que está fazendo alguma coisa que não está exatamente em ato. Prefiro quando você simplesmente se esquece de estar dando aula e você está ali, em presença, refletindo livremente. Como agora, quando estamos conversando, simplesmente – isso é o melhor para mim. Engatar uma conversa.

O núcleo de uma boa aula, para mim, é a conversa interessante. O excesso de *performance* é um perigo a evitar. A aula pode, até, convidar a esse exercício meio performático, porque tem um cenário e muita gente olhando para você. Mas, no meu caso, não acho legal. Você está falando da arte de dar aula, mas eu acho, Joaci, que talvez eu tenha sido mal escolhido por você. Nunca me senti completamente à vontade para dar aula, nunca me senti um grande professor. Posso garantir que não sou um grande professor, desse ponto de vista. Eu seria um professor, vamos dizer assim, esforçado, aplicado mesmo. Mas não um professor desses que faz da aula uma espécie de momento performático, entendeu? Não tenho a menor pretensão de ocupar o palco. Pelo contrário, mesmo quando dou aula de graduação, às vezes tenho de me esforçar muito para conseguir um resultado medíocre. Na pós é mais fácil, é raro você ter um dia muito ruim porque é mais fácil você conseguir alguma participação dos alunos. Há uma disposição para falar ou para ouvir – embora isso possa não significar um empenho real. No caso da graduação, muitas vezes você tem de lutar para conseguir estabelecer um parâmetro muito básico de interlocução. No semestre passado mesmo, eu estava dando justamente uma aula sobre o teatro do Plínio Marcos, que poucos conheciam. Tive de aprender a falar sobre Plínio Marcos como se fosse um desconhecido, quando era uma verdadeira matriz, para mim, do que entendia por teatro nos anos 1960 e 1970.

Vou dar um exemplo mais concreto dessa dificuldade: tem uma peça em que uma personagem diz: "É uma brasa, mora." Nenhum aluno sabia o que significa a expressão, nem em quais circunstâncias tinha sido dita ou por quem. E, só para explicar a expressão, eu tinha de falar da Jovem Guarda, das circunstâncias da MPB naquela época, para que eles não ficassem, simplesmente, com a imagem do Roberto Carlos que tinham hoje etc. E assim quase tudo. Falar de uma coisa dos anos 1960 dá muito trabalho, antes de chegar ao assunto. Não há, quase, implícitos que permitam ir direto ao ponto. E isso tudo implica um empenho quase físico. A cada menção, há um mundo a explicar. Os alunos não conhecem, não ouviram falar. Por que não ouviram falar? Não é estranho? Parece que se trata da pré-história, da qual já estão muito distantes. Quando vou dar aula do século XVII, já vou mais preparado para o desconhecimento, para explicar circunstâncias e contextos bem diferentes dos atuais. Você já tem alguns esquemas históricos em mente e, para nós, está claro que o século XVII tem uma episteme muita diversa daquela de nossos dias. Mas não é surpreendente que os anos 1960 já sejam não apenas um outro século, mas uma episteme desconhecida? Eu não tinha ideia de quanto o tempo da minha juventude já podia ser ignorado pelos jovens de hoje. Dá impressão de que você está continuamente fora do assunto, que não vai chegar lá, pois a distância cultural é muito grande e não há um discurso suficientemente formulado sobre esse fosso. Essa foi a sensação que tive desse último curso de graduação. Enfim, estou dramatizando um pouco. Mas acho que tem um esforço físico grande, um caminho que começa a fazer muitas curvas.

O formato de minhas aulas, de graduação ou de pós, é sempre o mesmo: analiso as frases de um texto, tentando colocar questões, a partir delas, para os alunos na classe. Não falo como numa conferência. Converso. Conduzo a conversa de modo a levantar e discutir questões, inventar questões sobre algumas linhas dos livros que pareciam antes mais claras e que devem se tornar problemas. Falei em *close reading*, leitura cerrada de textos. Nunca é exposição simples. É esforço de reflexão. Nunca chego à sala de aula como se fosse dar uma conferência, com uma solução pronta, ou, quem sabe, até um texto meu para ler sobre a questão. Imagine! Não leio nada que eu tenha escrito a respeito, alguma vez. Se eu estou lá, em presença, posso dizer o que eventualmente pense, não preciso ler. Leio os textos do autor, de críticos. Se eu ler a mim mesmo na aula, provavelmente vou sentir que estou me repetindo e provar aquela sensação desagradável de estar perdido em algum lugar do meu pensamento do passado.

Para mim, numa boa aula você envolve ao máximo as pessoas dentro da sala num fio de reflexão, de tal maneira que você se esquece da sala, de onde está: a questão prevalece sobre tudo. É isso que estou tentando caracterizar como a atualidade do pensamento. É quando se consegue, de fato, avançar uma hipótese de interpretação. Mesmo que a hipótese, depois, se revele meio furada. Mas essa partilha, vamos dizer, esse pensamento erguido em comum, isso é o melhor. Talvez isso dificulte a aula, até. Porque acho que busco uma situação muito intelectualista, talvez, dentro da classe. Acho que, para ser um professor de sucesso, é preciso ser mais à vontade dentro da sala. Eu sempre estou tenso, intelectualmente tenso. Percebo que um procedimento que funciona muito com os alunos, na aula, é ler um trecho de um grande autor, citar um texto impactante. Todos ficam admirados, e você parece ganhar alguma coisa com isso. Mas eu quase não uso esse recurso. Não sou de citar grandes frases. Não sou sequer de citar o texto como se fosse algo acabado, dado numa outra situação. Leio o texto como se fosse objeto de investigação, como insumo do pensamento, não como objeto de admiração, apenas.

Estou sempre com o texto na mão, mas tento tomá-lo também fora da leitura corrente que recebe, problematizar essa leitura habitual; tento, portanto, retirá-lo do lugar de citação conhecida e prestigiosa. Boto o texto na berlinda. A questão, para mim, é sempre saber como o texto foi construído. Tentar revelar como ele foi produzido discursivamente é o oposto de tirar vantagem desse lado deslumbrado da leitura de citação. Presto muita atenção, total, ao que antigamente chamavam de "carpintaria" do texto – os elementos discursivos que tornaram possível a sua construção e a produção dos seus efeitos mais conhecidos em determinados auditórios. Mas não se trata, também, de buscar o que chamam de "desmistificação" da literatura. Não estou partindo do pressuposto de que literatura é mistificação, ao contrário do que ficou corrente hoje; seja na crítica sociológica pós-Bourdieu, seja no culturalismo norte-americano, em que a questão é sempre "desmistificar" a literatura em favor de alguma vítima preferencial. O que, de resto, acho mistificação: desmistificar para produzir uma nova mitologia a sustentar um ou outro grupelho ideológico? Não me interessa! A minha questão é outra: saber como determinado autor foi capaz de produzir uma obra concreta, um objeto discursivo raro. Trata-se de conhecer o funcionamento de uma máquina difícil, que gera determinados efeitos culturais, nunca óbvios. O que necessariamente implica fazer confluir um repertório grande de leitura sobre um objeto de cultura. Acho que é isso, basicamente, o que faço.

As minhas técnicas de aula são, portanto, os fichamentos e a construção de hipóteses sobre a forma de produção do objeto. Isso significa, como já lhe disse, que nunca entro em classe sem preparar o material. Não parto da ideia de improvisação. O improviso pode ter um papel na interpretação, e realmente tem, mas apenas se surgir no confronto de observações concretas sobre o texto, a partir do esforço de descrever o objeto. Mas sempre há um pressuposto de um estudo anterior, de uma leitura detida, já bem assentada. Nem sequer tenho essa vantagem de uma improvisação nascida do gênio que despreza o trabalho. Bem ao contrário, o meu grande modelo de crítica de um texto é o desses tipos que avaliam o desempenho dos carros para as revistas, já leram? Havia uma revista, não sei se existe ainda, a *Quatro Rodas*. É fabuloso o modo como dissecavam um carro. Eu ficava besta com aquilo. Eles punham o carro na estrada e passavam a diagnosticar cada movimento da máquina, descrevendo o seu funcionamento, o seu desempenho, comparando-o com o de outras máquinas de mesmo porte, esquadrinhando todos os seus detalhes, até formular uma apreciação global do desempenho e do valor do carro. É assim que eu gostaria de ser como crítico e como professor. Alguém que testa máquinas potentes e se esforça para avaliar honestamente o valor delas, pesar corretamente o que é dado a cada uma. O que mais me importa na aula, diante de um texto, é ser capaz de conduzir uma investigação cujo objetivo é perceber precisamente como ele foi feito e a que objetivos atende ou não, e de que modo. Quando a aula se torna um impulso organizado na direção de um mecanismo explicativo, é quando fico mais contente com a minha atuação como professor.

Estar contente com a minha atuação não é o mesmo que agradar os alunos. Como no caso dos alunos do ProFIS, que vinham atrás de mim, tendo a pensar nos efeitos negativos do flautista de Hamelin: se você está fazendo alguma coisa de que todo mundo na classe está gostando, alguma coisa você está fazendo de errado. É evidente, porque se todo mundo está gostando, então você está deixando de produzir ali, *in loco*, em ato, as dificuldades de remontar à construção, ao funcionamento e aos efeitos do objeto. Se você consegue fazer com que entrem nesse lugar atual de inteligência, há sempre algum elemento que não é prazeroso, é difícil, até doloroso. O gesto reflexivo se perde na pura diversão, ou na facilidade prazerosa. As suas contradições não estão sendo ditas. Porque não é possível avançar sem se aplicar ao difícil.

Dar aula, para mim, como lhes disse antes, foi um desdobramento da minha vida de estudante. Passei de estudante para professor sem perceber. Tanto é que, como lhes disse, não consigo me lembrar dessa primeira aula. Não foi significativa. Não foi um evento único. Eu era aluno e depois virei professor. Não tinha a menor ideia de como virei professor e comecei a dar aula. Talvez tenha começado a me destacar nas discussões em classe. A certa altura, devo ter começado a participar mais ativamente das aulas e, no fim das contas, era eu que falava mais, e então já tinha virado professor. Tudo isso sem planejamento algum. Eu apenas estudava, lia e fazia o que todo estudante realmente aplicado fazia. Nunca me preparei e, também, devo dizer, nunca me senti bem preparado... nesse sentido de você chegar lá e achar que vai acabar com a aula, todo mundo vai adorar, aplaudir, nada disso.

A aula é o lugar privilegiado da formação, em que se põe em prática a construção do argumento em público. Ela é fundamental para essa ideia de passagens entre experiências diferentes, tempos diferentes, ideias diversas. Isso vale tanto para o aluno quanto para o professor. Quer dizer, o princípio da formação é esse, da exposição a lugares, tempos e repertórios diversos. E pessoas também diversas. Porque você também tem de ensaiar falar com pessoas diferentes, se colocar num lugar estranho ao seu, por vezes até oposto, ter paciência, ter a ideia de um tempo de compreensão que não é o mesmo para todos os interlocutores. Quer dizer, o aprendizado é sempre um jogo de convivência social, de inteligência civil. Não imagino uma formação intelectual rigorosa fora da sala de aula ou de grupos de estudos em que o debate é a chave do avanço. No nosso caso, em humanas, pelo menos, avançar na compreensão do objeto tem muito a ver com avançar no domínio dos mecanismos da conversa organizada. É o que a aula deve ser, não? Diminuir o espaço público da conversa e da produção do argumento não gera ganho algum para a inteligência, pois esta não é verdadeiramente testada senão quando tem diante de si um auditório rico e complexo. A ideia de colocar gente diversa junta, em uma sala, conversando, é decisiva na ideia de universidade. Ouvir argumentos vindos de outra direção, coisas de que você jamais suspeitava, é a melhor das experiências de aprendizado.

Acho que a vantagem da universidade é essa, você colocar gente disponível para ouvir e conversar. Onde mais você consegue isso? Gente que está a fim de ficar discutindo sobre uma questão, seriamente, empenhadamente, não propriamente para encontrar uma solução, mas para conseguir encontrar um modo próprio de pensar. Então, a aula é chave como princípio de estudo. Agora, é claro que isso também requer atitudes que não se resumem ou nascem na sala de aula: o recolhimento em si, o mergulho longo e sistemático nas leituras, o esforço de decifrar conceitos e, antes deles, de decifrar línguas diferentes... Mas isso tudo ganha corpo quando os elementos, digamos, intelectuais da formação se apresentam e se reconfiguram publicamente, submetendo-se a vários pontos de vista.

Continuo lecionando. Um curso na graduação e um na pós, a cada ano. Mas, no todo, dou mais aula na graduação, gosto mais da animação juvenil que existe na graduação. Mas tenho um privilégio também: formulo a matéria que eu quero dar a cada vez. Não dou programa obrigatório, já formulado por alguém antes. Jamais. Se eu quiser dar aula, por exemplo, sei lá, de alguma coisa que estou lendo agora – por exemplo, no último ano, li bastante sobre a máfia, porque tenho grande interesse sobre a máfia de Roma nos anos 1960, a Banda della Magliana... Se eu quiser dar um curso, no próximo semestre, sobre a literatura em torno da Banda della Magliana, eu posso. Ninguém me diz o que é preciso ou necessário dar. Isso é fantástico. Foi uma condição excepcional no Brasil, que conquistamos duramente no Departamento de Teoria Literária, na Unicamp. Aqui não há disciplinas obrigatórias. Há os interesses intelectuais dos professores, e, eventualmente, pedidos dos alunos. Se eu quiser dar uma aula sobre o David Lynch, por exemplo – eu estava vendo, há pouco, a terceira temporada do *Twin Peaks* –, se eu quiser dar uma disciplina em torno do *Twin Peaks*, eu posso dar. Não tem nenhum limite, nacional ou de linguagem artística – quer dizer, *a priori* –, para o que eu me sinta em condições de dar.

Às vezes, eu mesmo é que tento podar as minhas asas. Eu penso: nossa, não posso dar uma coisa tão esotérica. Mas, depois, me recupero rapidamente da autocensura e vou a fundo na questão que me veio em mente. Por exemplo, quando dei o La Rochefoucauld para a graduação, tive de enfrentar essa *décalage* entre uma imagem óbvia da formação dos alunos e o século XVII aristocrático francês. Mas há sempre algum fosso a transpor quando se trata de aprender e ter curiosidade intelectual. Eu andei pensando em dar um curso sobre as mulheres escritoras desse período da Fronda, na França do século XVII. Há um grupo de excelentes mulheres escritoras – madame de La Fayette, madame de Sévigné, mademoiselle de Scudéry, para citar algumas delas –, com uma produção literária intensa, em vários gêneros, da correspondência ao romance. Mas ainda estou pensando em como formulá-lo de maneira precisa, pois não quero que se reduza às discussões culturalistas sobre mulheres empoderadas, o que significaria circunscrever o que deveria ser estudo e aprendizado a opinião *a priori* e enunciado de lugares-comuns, quando não de doxa moralista.

Também tenho vontade de dar um curso de *mémoires* – ou sobre a escrita de diários, por exemplo. O que for capaz de imaginar, posso tentar fazer em aula. E eu nunca sei muito antes. Por exemplo, agora vou ficar o primeiro semestre sem dar aula. Então, vou ficar um tempo assuntando. No momento, tenho lido a literatura *gialla* de Andrea Camilleri. Já leio com facilidade o siciliano dele, no original. Será que isso vai resultar num curso? Vou ser capaz de formular uma questão inteligente a respeito da literatura policial ou do método de investigação do personagem Salvo Montalbano? Não sei ainda. Levo um tempão para formular uma questão que me pareça valer a pena apresentar aos alunos e desenvolver junto com eles. Por vezes, estou atrás de uma questão e outra, inesperada, me atropela. Começo a procurar uma coisa e, de repente, descubro um material incrível, que vai noutra direção. Há uns anos, por exemplo, comprei num antiquário de Roma uma edição original de um romance do século XIX: *Nina di Trastevere*, de Ulisse Barbieri. Comprei, inicialmente, pela beleza da edição popular, feita por um editor da Piazza Colonna, e pelo meu interesse pelo Trastevere, que é um bairro que conheço tão bem ou melhor do que Barão Geraldo. Mas, ao procurar saber quem era Ulisse Barbieri, descobri que ele veio para o Brasil, ao lado de Garibaldi, e depois acabou ficando por aqui mais dez anos. Fui logo atrás de outros romances dele e, com alguma dificuldade, cheguei a outros quatro e, depois, a vários outros mais. Parece que era um desses escritores prolíficos do XIX. Mas ainda não consegui formular uma questão importante para investigá-lo em classe. Qualquer hora, dará um curso – ou não.

Outro curso que imagino dar, algum dia, é sobre os sermões de exéquias. Como sabem, no passado, já estudei os sermões de Quarta-Feira de Cinzas. Também já estudei o sermão das exéquias de d. Maria de Ataíde, do padre Vieira. Já fui para muita biblioteca, do Brasil e da Europa, em busca de sermões de exéquias. Tenho uma coleção formidável deles. Então, um dia, posso conseguir programar um curso a respeito. Mas tem esse lado, vamos dizer, quase experimental: definir um tema para um curso é um pouco como me lançar numa investigação de que não conheço os resultados e nem mesmo o alcance. O curso pode encontrar um veio rico de questões que se desdobram em outras, ou pode apenas descobrir que se tratava de alarme falso, que as flores que se anunciavam ali estavam murchas. Mas, tudo bem. Está valendo. O curso que descobre um engano pode ser muito bom, também. Pode ser esclarecedor, esse processo de desengano a que um curso pode conduzir.

Para encerrar, talvez seja interessante esclarecer que sou parte da chamada "carreira em extinção" na Unicamp. É o grupo do pessoal fundador, ou que foi contratado ainda na primeira fase da Unicamp, que fez parte da primeira geração dela, que criou os primeiros cursos etc. Com a institucionalização posterior, já nos anos 1980, o pessoal mais antigo conseguiu alguns privilégios, como o da promoção por mérito. Então, como disse, a universidade do meu período inicial era precária, mas não era uma ameaça para o docente, nem era objeto de desconfiança sistemática e orquestrada pelo próprio governo, pelos jornais, até pela população. A maior parte da gente que fez parte da carreira em extinção já está mesmo extinta: aposentou-se ou morreu. Não restam muitos na ativa. Então, olhando para trás, para o conjunto de meu tempo de docente, não há como não me sentir privilegiado e, especialmente, com o privilégio do pioneirismo, vamos dizer assim. Mais o pioneirismo que a antiguidade, que não é tão respeitada no Brasil. Certo é que, ao longo desses 42, 43 anos como docente, percorri todos os postos da carreira, cheguei a titular. Cheguei sem pressa, sem corrida, sem pressão, a não ser a da minha própria vontade de fazer um trabalho benfeito. Não tenho mais exigências institucionais a cumprir, então trabalho porque quero. Não exatamente porque gosto, mas porque estou acostumado. Sabe aquela canção do Lupicínio Rodrigues, em que o sujeito pede para a mulher voltar não porque goste mais dela, mas porque o corpo se acostumou com ela? Assim me sinto com as aulas. De alguma maneira, elas se confundiram com o meu corpo. É o corpo que as pede, não apenas a ideia que as concebe.

ATALIBA DE CASTILHO

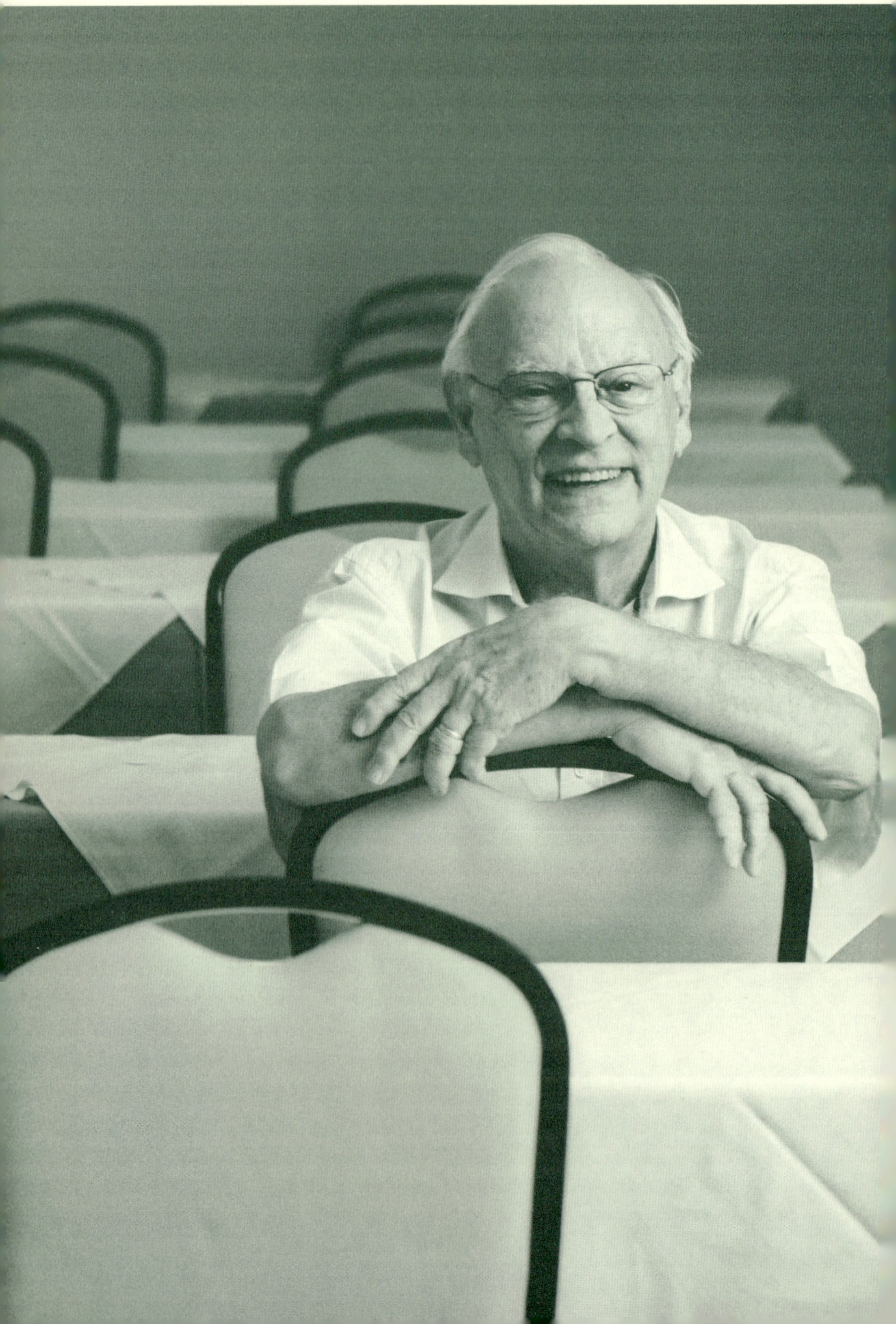

Quando a gente começa a dar aulas, acaba imitando um bom professor que teve na universidade. Depois é que adquirimos voo próprio. As primeiras aulas universitárias que dei em minha carreira foram na Faculdade de Filosofia, Ciências e Letras de Marília, que era um instituto isolado de ensino superior. Eu tinha 25 anos, estava licenciado em letras clássicas e vernáculas, e tinha cursado a especialização.

Então, como dava aulas em Marília? Eu me lembrava de como fazia o professor Maurer Jr., que era um romanista muito importante da Universidade de São Paulo, posteriormente meu orientador de doutoramento. Ele preparava muito bem as aulas. Ele lia o que havia de essencial sobre o assunto, e acrescentava a isso as conclusões de suas pesquisas. Sua *Gramática do latim vulgar* – indispensável para quem quer saber como surgiram as línguas românicas – até hoje não foi superada. Então, transmitia tudo aquilo em forma de conferência. Ou seja, você não tinha muita participação no tema. Acho mesmo que nem poderíamos ter, pois, até então, nada sabíamos sobre o assunto. E achava que era bem suficiente lecionar dessa forma.

Então, quando fui para Marília, cada aula era previamente escrita. Para isso, eu lia o que era disponível na literatura. Naquele tempo, uma boa aula era transmitir conhecimento organizado. Depois vi que não era só isso.

Portanto, eu fazia as leituras, anotava e dava as aulas lendo as anotações, para não esquecer algum argumento importante. Todo ano eu refazia aquelas anotações, porque sempre lia mais coisas. E ia passando aquilo para os alunos. Depois, montava exercícios para eles fazerem, para ver se tinham entendido bem. E eles tinham de escrever também alguns textos, ao longo do curso, pesquisando temas de seu interesse. Assim foram essas minhas primeiras aulas. Hoje, acho que devem ter sido bem chatas. Porque era um discurso, era uma conferência. E como o aluno não estava previamente preparado, pois não sabia em que textos a aula ia se basear, não tinha como fazer boas perguntas. A não ser se provocado por alguma coisa que eu dizia. Acho, hoje, que aquelas aulas não eram muito produtivas.

Como foi meu primeiro dia de aula? Nossa, será que vou me lembrar disso?! Quando fui trabalhar em Marília, havia um único professor por disciplina. Não havia, ainda, assistentes para dividir as tarefas. A gente dava aulas percorrendo todas as áreas, apresentando uma espécie de enciclopédia do saber linguístico.

Começava por fonética e fonologia, depois morfologia e, depois, sintaxe, muito pouco de lexicologia e nada de semântica. De modo que as primeiras aulas tratavam da produção dos sons e de sua estruturação no português brasileiro, pois eu já dava mais atenção ao português brasileiro. Os textos do professor Mattoso Câmara Júnior eram os mais usados. E pouca coisa mais.

Vinha depois a morfologia, o que tornava as aulas um pouco mais interessantes, pois lidavam com unidades maiores: os morfemas, os alomorfes, o quadro dos morfemas do português, os morfemas nominais, depois os verbais, e, por último, as formas que não tinham flexão, que se organizavam num bloco, como as conjunções e as preposições.

Aí, quando chegava na sintaxe, era uma coisa um pouco mais tradicional que eu dava, repassando os temas aí esperados: as sentenças, as funções no interior da sentença e sua tipologia. Era o que eu sabia, pois não estavam ainda muito divulgadas as descobertas da sintaxe estrutural, e o gerativismo dava seus primeiros passos. Habitualmente, a gente não falava, ainda, em sintagma, em organização de sintagmas dentro da sentença. Já ia direto para a sentença, como um bloco – como os livros de sintaxe faziam, naquele tempo. O assunto era mais conhecido dos alunos, pois nas três séries do ensino médio eles faziam bastante análise sintática. Não percebíamos que havia uma distorção nisso tudo, pois confundíamos sintaxe com análise sintática. Tudo isso mudou muito, hoje em dia. Mudou para melhor. Era, então, uma apresentação bem grosseira do que é a sintaxe.

Fonologia, morfologia e sintaxe eram ministradas em dois anos. Depois, vinha o curso de história da língua portuguesa. Não propriamente do português brasileiro, porque naqueles tempos a universidade focalizava mais o português europeu. A história da língua portuguesa se limitava à formação do português na Europa: quando o latim vulgar foi trazido para a Península Ibérica, como essa língua interagiu com a dos povos que já moravam antes por ali; isso era chamado de "estudo do substrato linguístico". Vinha, depois, a chegada dos romanos, como eles dividiram o território, e as características que o latim vulgar foi tomando em seu novo ambiente. Na sequência, nessa história mais social do que linguística, era a vez dos povos pós-romanos, os germanos e os árabes, que não conseguiram vencer o latim; agora, era a vez do "estudo do superestrato linguístico". A exemplificação era, sobretudo, lexical. Finalmente, como tinha surgido a língua portuguesa na região entre o Porto e a Galiza.

A história mais propriamente linguística compreendia a formação das estruturas fonológica, morfológica e sintática, indo sempre do latim vulgar para o português europeu. Como se organizaram as estruturas do português? Elas já existiam no latim, ou foram criadas no português? Por exemplo, o infinitivo pessoal, que é uma forma que só existe no português e no sardo, não existe em outras línguas românicas. O infinitivo pessoal é uma forma um pouco contraditória, pois como é que uma forma infinitiva, não delimitada pelas categorias de tempo, modo, aspecto, de repente tem pessoa? Entre "infinitivo" e "pessoal" há, na verdade, um conflito conceitual. Mas o professor Maurer Jr. explicava magistralmente como o infinitivo passou a exibir pessoa em nossa língua. Ele publicou dois livros sobre esse tema, central para a singularização do português entre as demais línguas românicas.

Eu ilustrava essas aulas com a projeção de *slides* sobre a arquitetura medieval portuguesa – afinal, para nós brasileiros, a Idade Média é uma sorte de abstração. Os europeus, quando saem à rua, "trombam" com a Idade Média em cada rua, em cada igreja. Eu buscava, dessa forma, tornar mais concreto o ambiente em que se originou a língua portuguesa. Também tocava, em sala de aula, algumas músicas galegas, a língua irmã tão pouco conhecida de todos nós. A ideia era, sempre, tornar aqueles assuntos mais concretos para alunos sul-americanos. Já sobre a chegada do idioma português ao Brasil, nada.

Tudo isso mudou bastante agora, porque o quadro linguístico brasileiro passou a ocupar o centro das nossas preocupações. Dispomos de uma bibliografia rica sobre o português brasileiro, focalizando sua história e sua gramática. Aprendemos que é preciso, primeiro, descrever bem a estrutura linguística, para depois historiar essa língua. Que diferença dos tempos de agora! A gramática do português brasileiro está, hoje, muito bem descrita, em obras coletivas e individuais. A história do português brasileiro aparecerá com grande clareza, assim que forem publicados os volumes da série *História do português brasileiro*. Tudo isso foi fruto de projetos coletivos – mas, naqueles tempos, as pesquisas eram individuais.

Outra coisa: a Romênia nova não era contemplada em nossas aulas – veja só, nós que falamos o português nesta parte do mundo! Se tivéssemos pensado nisso, teríamos trazido aos alunos um bom pano de fundo sobre o que aconteceu com o espanhol e o francês trazidos para as Américas. Afinal, nosso latim vulgar é o português do século XVI.

Como eram os exercícios que eu aplicava? Nas aulas de fonética, pedia aos alunos que identificassem, num dado *corpus*, as vogais e seus grupos, as consoantes e seus grupos. A estrutura silábica ficava esquecida, veja só. Também a identificação dos fonemas não entrava em minhas aulas, isso por falta de conhecimento meu – não era uma deficiência da época porque, afinal de contas, já estava ali o Mattoso Câmara Jr., com esses estudos e vários outros.

Mas tínhamos um colega em Marília, o Paulo Froehlich, que tinha feito mestrado no Estados Unidos, onde estudara o estruturalismo, na Universidade de Georgetown, em Washington DC. O Paulo conhecia muito bem o estudo estruturalista das línguas. Então, volta e meia eu ia lá, puxar papo com ele, para arrancar algumas aulas. Por acaso, fui, depois, fazer dois pós-doutorados nessa mesma universidade, em épocas sucessivas. E outro acaso que gosto de lembrar é que, no hospital daquela universidade, nasceriam meus dois netos americanos.

Depois de algum tempo, passei a escrever minhas aulas, na forma de uma apostila. Um funcionário da faculdade reproduzia aquilo e depois vendia. E o dinheiro ficava para ele, até porque eu já tinha o meu salário. E fui juntando aquela papelada toda até que, por volta de 2008, consolidei tudo aquilo, e ainda minhas pesquisas, na *Nova gramática do português brasileiro*, publicada em 2010. Ou seja, esse livro é o resultado dos roteiros de minhas aulas. Cinquenta anos de anotações de aula, somadas ao que fui aprendendo em leituras, participação em congressos e – sobretudo – à intensa correspondência que mantive com os professores Maurer Jr., Mattoso Câmara Jr., Kurt Baldinger, Prado Coelho, Lindley Cintra e Paiva Boléo. Não podendo assistir às aulas desses mestres, procurava obter conhecimento "por correspondência". Modéstia às favas, sempre fui muito organizado, sempre tive um bom arquivo do que lia, do que lecionava e do que aprendia nas correspondências, hoje depositadas no Cedae da Unicamp. Nosso grupo de Marília procurava neutralizar o natural isolamento acadêmico em que se vive numa pequena cidade do interior. Então, organizávamos seminários de linguística, trazíamos gente de fora.

Logo no começo, o Paulo Froehlich, o Enzo Del Carratore, a Maria Tereza Biderman e eu nos perguntávamos sobre o que iríamos fazer em nossa vida científica. A conversa foi mais ou menos assim: "O que estão fazendo na Universidade Nacional do Rio de Janeiro – atual UFRJ – e na USP? Ah, eles estão pesquisando na área da linguística histórica. Então, nós vamos fazer linguística descritiva, não vamos fazer linguística histórica." "E qual é o objeto empírico da atividade deles? É o português europeu, as linhas europeias. Então, nós vamos estudar o português brasileiro e o espanhol da América. E alguma língua indígena." Essa última parte da conversa levou o Paulo Froehlich a meter-se pelo mato, para estudar a língua dos mehinacos, língua que ele começou a descrever. Em resumo, a gente queria fazer uma outra coisa, como uma espécie de "rebeldes com causa". Isso, hoje, pode parecer um pouco juvenil. Mas nós estávamos organizando nossa vida científica, o que não tem nada de banal.

Cada vez que entrávamos em algum problema do português brasileiro, eu ficava na maior animação. Porque é isso que nós temos de fazer, aqui. Nós temos esses dados aqui, debaixo do nariz. Não vamos ficar fazendo estudo de português medieval, sem arquivos. Não se tratava de uma proibição, mas acho que a nossa temática não é essa. É outra. E, de fato, nestes últimos trinta anos se descobriu muita coisa sobre o português brasileiro.

Numa ocasião, convidei o catedrático de linguística românica da Universidade de Heidelberg, que era o professor Kurt Baldinger, já aqui mencionado. Quando ele veio a Marília, convidei colegas de várias universidades, pois não era todo dia que se podia conversar com um grande especialista. O professor Baldinger fez três conferências em Marília. E a gente publicou tudo na *Revista Alfa*, que tínhamos fundado lá, e que, hoje, é a *Revista de Linguística da Unesp*, com mais de cinquenta volumes publicados. Essa revista nunca foi descontinuada.

Então, a gente chamava essas pessoas, chamava o Mattoso, chamava o Maurer, chamava o Isaac Nicolau Salum – várias vezes chamamos esse professor da USP. E o professor Antenor Nascentes, do

Rio de Janeiro, que tinha feito aquele *Dicionário etimológico*. Eu queria que ele explicasse aos alunos como tinha feito o primeiro dicionário etimológico da língua portuguesa.

Ou seja, a gente punha os alunos em contato com essas figuras que, naquele momento, eram as mais importantes. E, com isso, rompemos um pouco o isolacionismo natural de uma pequena cidade de 50 mil habitantes, que era Marília. Não tinha rodovia para São Paulo, era só o trem – embora excelente, da Companhia Paulista. Com essa iniciativa, o grupo de Marília se antecipou e fez coisas que, por exemplo, na USP e na Universidade Nacional do Rio de Janeiro, não estavam ocorrendo. Acho que isso se explica pelo propósito de fazer coisa boa e de se integrar nessa profissão. Acho que foi por isso. Então, essas eram as primeiras aulas.

Se a aula é um espaço de conhecimento, de descoberta, de invenção? Exatamente. Mudei completamente o meu esquema de aulas quando vim aqui para Campinas. Encontrei campos da linguística com os quais nem sonhava. Os primeiros professores do Departamento de Linguística – Carlos Franchi, Rodolfo Ilari, Carlos Vogt e Haquira Osakabe – trouxeram, cada qual, uma nova área de pesquisas. Descobri que, apesar dos nossos esforços, o isolamento acadêmico tinha cobrado seu imposto em nossa formação científica.

Aposentado na Unicamp, fui trabalhar em São Paulo, na USP. As classes, ali, eram gigantescas. No primeiro e no segundo anos havia 150 alunos em cada classe! Entravam oitocentos por ano. Acho que, agora, é até mais. Fiquei espantado, porque no Instituto de Estudos da Linguagem da Unicamp, oitocentos eram todos os seus alunos, ou seja, quinhentos na pós-graduação e trezentos na graduação. A prioridade, na Unicamp, era a pesquisa, não a formação de profissionais. Isso muda tudo. A gente lecionava mais na pós-graduação do que na graduação. Essa universidade, desde o início, teve uma decidida vocação para a pesquisa, não para a pura e simples transmissão do conhecimento e a formação do profissional. Esse tinha sido o plano de nosso fundador, o professor Zeferino Vaz, desde o começo. E não se abandonou esse projeto.

Então, quando você entra em uma classe que, em vez de ter quinze, vinte alunos, tem 150, é preciso mudar tudo. Passei a dividir a classe por grupos de pesquisa, entregando a cada um deles um tema, uma bibliografia e um *corpus* de análise. Numa aula, eu expunha as questões do programa daquele semestre. Na segunda aula da mesma semana, convocava dois dos grupos de pesquisa e trabalhava com eles em seu tema. Os demais eram mandados para a biblioteca, para que lessem a bibliografia de seu grupo. Para os grupos de pesquisa, andei trazendo textos e materiais de pesquisa da Unicamp. Eu imprimia aquilo e deixava à disposição deles, para que o *corpus* fosse o mesmo e, assim, se pudessem comparar os resultados, no final do curso.

Isso foi interessante, porque muitos desses alunos acabaram se direcionando para a pesquisa linguística. Eles não estavam habituados a pesquisas, só a ler o que os outros pesquisavam. Não havia isso de você ter uma descoberta científica na aula. Primeiro, melhorar seu conhecimento sobre um dado tópico. Depois, levar o grupo a pesquisar esse tópico e a escrever um texto. Num dado momento, eles apresentavam aos seus colegas o que tinham descoberto, socializando o resultado de suas atividades.

Achei isso muito mais importante do que você se limitar a alguém que revela o conhecimento disponível na bibliografia, desenvolvido por outros, e que depois o cobra, nas provas. Nesse ritmo, primeiro você fala, e depois o aluno vomita, nas provas. Essas provas eram muito bem-comportadas, só se podiam apresentar questões sobre aquilo que foi tratado. Tudo muito previsível, tudo muito chato. Com isso, o aluno não tinha participação pessoal na descoberta científica. A ideia, até então, excluía da aula a descoberta científica. As aulas se limitavam a reproduzir o que vinha na literatura.

No novo sistema – vi que era bom –, os alunos ficavam envolvidos no assunto. Eles gostaram muito disso. Hoje, desses alunos, há doutores, há mestres – muitos deles lecionando na USP e em outras universidades. Pegaram gosto pela coisa. E eu ficava muito contente de ver o resultado daquele trabalho. Isso era bem melhor do que aqueles alunos aborrecidos, ouvindo o professor falar e tal. Não poderia dar certo.

Mas você também perguntou se me lembrava de alguma aula mais especial que eu tenha ministrado. Então, como eu estava dizendo, ali, em Marília, todos nós, professores, não tínhamos doutorado. Mestrado não existia, e o doutorado era pelo sistema antigo: nada de disciplinas, apenas suas conversas com seu orientador. E mais duas provas complementares, orientadas por outros professores.

Tínhamos em Marília – tanto quanto nos demais institutos isolados – uma obrigação contratual de, em cinco anos, todo mundo se doutorar. Aí, cada um foi escolhendo o seu tema. Escolhi por tema a questão do aspecto verbal. É uma categoria do verbo que não dispõe de morfologia em nossa língua. Mas existe o sentido aspectual no verbo. Além do tempo, modo, voz, pessoa, existe o aspecto, que é o modo como se desenvolve um processo verbal. Se dura, se não dura, se se repete, se é pontual – situação em que mal esse processo começa, já acaba. Como o caso de "cair", por exemplo. Então, fiquei estudando aquilo. E, é claro, essa questão entrava no curso de sintaxe. E, quando chegava esse dia – coitados dos alunos! –, eu acho que até babava, na frente deles.

Inicialmente, perguntei ao professor Maurer Jr. se concordava em ser meu orientador. Produziu-se, aproximadamente, o seguinte diálogo: "O senhor concorda?" "Concordo. Mas que tema você quer desenvolver?" "Eu quero fazer uma tese sobre o verbo." Comprovei, naquele dia, que o professor Maurer Jr., além de sábio, tinha a paciência de um santo! Imagine só, estudar o verbo! É muito! Pois você sabe que o professor Maurer nem piscou? Ele falou: "Está bem. Então você vai lendo e, quando quiser, venha falar comigo." Descobri, com o tempo, que ele tinha um modo muito particular de orientar: ele esperava você crescer. "Cresça. Estude."

Aí, ganhei uma bolsa da Fundação Calouste Gulbenkian e fui para Lisboa, pois queria conhecer os professores de lá, rompendo um pouco nosso isolacionismo. Fui assistir às aulas do professor Jacinto do Prado Coelho, que era de literatura, mas dava cursos de semântica. Ele me perguntou: "Então, senhor doutor, o que é que anda fazendo?" "Eu não sou doutor, estou fazendo doutoramento, ainda." "Ah, sim? E qual é o seu tema?" "O verbo." "Você deve estar doido! Isso é muito! Mas é muito! Não é possível fazer uma tese sobre o verbo. Isso não é um projeto de tese, é um projeto de vida! Mas, vamos lá, daquilo que você leu, o que mais lhe interessou?" "Foi o aspecto verbal, que achei uma coisa pouco estudada." "Pois pronto, fique nesse tema!" E aí me indicou uma bibliografia que ainda não conhecia.

Outro professor excelente, de linguística românica, era o Luís Filipe Lindley Cintra, que dava aulas muito atraentes. Uma figura carismática. Na ocasião, ele traduzia com seus alunos um texto de história de Portugal, escrito em latim medieval. O texto falava da tomada de Santarém aos mouros. Feita a tradução, ele viajou com os alunos para Santarém, a terra de Cabral, para percorrer os locais em que se deram os episódios narrados. Tratei de participar da excursão, com minha esposa, que tinha, então, 17 anos. Com uma animação tremenda, ele ia comentando com os alunos: "Olhem, aconteceu aqui aquela passagem do soldado, que meteu sua lança entre as pedras da muralha, subiu, caminhou sobre o telheiro da casa do moleiro, encostada à muralha, saltou para dentro e abriu as portas da fortificação." Bom, alunos são alunos por toda parte. Pois um deles foi logo secundando o professor: "É isso mesmo, ainda se pode ver o buraquinho causado pela lança do soldado!" Nunca tinha visto um professor trabalhar assim, tão próximo a seus alunos!

De volta ao Brasil, procurei o professor Maurer, relatei a conversa com o professor Prado Coelho, tendo decidido restringir a coisa ao aspecto verbal. O professor Maurer Jr. me passou outros títulos e arrematou: "Pois ótimo. Pode continuar lendo." E ele só começou a dialogar comigo quando eu comecei a dizer coisa com coisa. Tinha saído da fase do "bestialógico", e, agora, já começando a entender como era essa categoria, ele conversava comigo sobre aspectos da tese. "Olha, você precisa ler isso. Veja como é no indo-europeu. Você sabe russo?" "Eu não sei." "É uma pena, porque as línguas eslavas desenvolveram muito a categoria do aspecto verbal." Mas, enfim, quando eu ia dar aula sobre aspecto, gostava muito da atividade. Não há dúvida de que aulas dadas com mais conhecimento baseado em pesquisa própria são superiores às outras.

Se considero a aula como um momento importante de formação do estudante? Desde que você associe essa aula a algum trabalho que ele venha a fazer, sim. Ou seja, ele deve ser informado sobre o que se sabe, e motivado a descobrir o que não se sabe. Ele deve ser o linguista dele mesmo. Ou, como eu escrevi naquela gramática, que ele seja o gramático dele mesmo.

Acho que a aula só é importante se ela tiver esse – não é nem apêndice – outro momento, em que o professor fala o que se sabe, fala o que não se sabe e o aluno vai atrás do que não se sabe. E não se sabem muitas coisas, ainda. Quanto mais você lê, mais você se dá conta das limitações da ciência. Então, é hora de envolver o aluno nisso.

Daquele momento em diante, seu aluno não é um mero ouvinte, que fica lá naquele tédio, ouvindo respostas a perguntas que não formulou. Não estou dizendo que o aluno deve falar na aula de um modo descontrolado. Também não é assim, uma falação por falar. Isso, não. Porque há muita demagogia nessa história de pôr os alunos para falar, sem orientar. O professor é o líder naquela sala, ele estudou, se preparou. Ele não pode abrir mão disso apenas para se fazer mais simpático para os alunos. Ele tem um dever, ele tem uma obrigação. Ele deve cumprir essa obrigação envolvendo o aluno, nunca o afastando.

Porque antigamente havia professores muito estranhos. Tive uns aqui na USP, muito estranhos. Eu me lembro de um que, uma vez, um aluno lhe fez uma pergunta e ele não sabia a resposta. Visivelmente, ele não sabia. Ele podia dizer, com franqueza: "Olha, não sou uma enciclopédia, não sei tudo. Mas vou estudar e lhe falo. Aliás, se quiser estudar comigo, vamos ler sobre esse assunto." Mas não. Sabe o que ele falou? Falou assim: "Quem é você?" E era um rapaz muito estudioso. "Sou seu aluno, matriculado nesta disciplina." "Não é, não. Nunca vi você aqui. Fora! E quando você voltar, traga um documento da secretaria dizendo que, sim, você é meu aluno." Olha que solução burocrática que esse tantã deu! Aquilo me marcou muito. Aí, esse aluno – que, depois, virou um professor de filosofia, dos melhores, pois era muito inteligente – veio com o atestado. "Tudo bem. Então, você é meu aluno. Mas está proibido de assistir às minhas aulas. No fim do ano" – os cursos eram anuais – "você faz a prova e procure verificar o que eu dei. E você faz a prova. E assim vai ser." E ele reprovava sistematicamente o cara. Todos os anos o diretor tinha de nomear uma banca especial. Já pensou, que desperdício de oportunidade?

Dando aulas, me ocorria ficar insatisfeito com o que ensinava. Pensava comigo mesmo: "não é bem assim". Perguntava, então, aos alunos: "O que vocês acharam dessa explicação?" "Eu não sei, professor, parece que está confusa." É bastante óbvio que pesquisas surgem de más respostas. Foram essas as experiências que tive na Unicamp e na USP. Infelizmente, não pude agir assim em Marília, porque era novo, inexperiente, e não tinha tido aulas-pesquisa quando aluno.

Se eu enfrentava muita apatia dos estudantes? Claro! Vou lhe dar uma resposta e você vai achar que é pura demagogia, mas não é. Quando tinha aluno assim, muito distraído, muito aborrecido, eu dizia assim: "Mas a minha aula está chata pra caramba. Não envolveu a todos. Aquele lá está quietinho." Aí, eu fazia uma pergunta para ele. Agora, conforme vai passando o tempo, você vê uma coisa nas salas: você fala uma coisa e muitos olhos brilham. Você tocou num ponto importante da inteligência daqueles alunos, os olhos deles brilham. Eu queria muito que todo mundo brilhasse o olho na aula, sabe?

Mas tinha aqueles que, realmente, não gostavam de linguística – nem tinham de gostar. Mais recentemente, impliquei com um aluno que passava a aula mexendo no celular. Eu achava que aquilo era desrespeito, não apenas falta de interesse. Perguntei por que o aluno só dava atenção ao celular. Olhe a resposta: "Não. O senhor está falando de uma coisa, eu estou procurando aqui." Está tudo na internet, está tudo no ar. Aprendi mais uma, naquele dia. Afinal, o conhecimento não tem fim, e ninguém é seu porta-voz.

Se acho que o trabalho do professor, o ato de dar aula, tem a ver com o teatro? Ah, sim. É uma pena que eu não tenha feito curso de teatro. Porque você tem de levantar o humor dos alunos e a inteligência deles, nos momentos em que eles estão se enchendo com a sua aula. Mas nem sempre você tem uma estratégia de palco para levantar o espírito dos alunos.

A prática da aula pode transformar o professor. E pode transformar os estudantes. A prática de professor me transformou. Com certeza. Porque fiquei mais curioso. Se eu perguntava para os alunos, eu estava perguntando, primeiro, para mim mesmo, para, depois, vocalizar aquela pergunta, não é?

É difícil saber se ser professor é uma vocação. Será alguma coisa própria de algumas pessoas, de algumas mentes? Ou será que qualquer um pode ser um bom professor? Isso, não sei responder. Agora, falando de modo pessoal, sempre quis ser professor. Primeiro, porque tive ótimos professores no Instituto de Educação Monsenhor Gonçalves, de São José do Rio Preto, onde fiz o ginasial e o colegial. A designação desses níveis de ensino agora é diferente. A professora de francês, Sílvia Purita, nunca falou em português com a classe. Nunca. Você tinha 10 anos, estava na primeira série do ginasial. E ela entrava na sala só falando francês. E você aprendia, porque ela era bem exigente e bem dura. Outro, professor de latim, era um advogado italiano, Ricieri Berto. No começo dos cursos, ele perguntava: "Quais de vocês, aqui, estão fazendo este curso para fazer direito?" E alguns levantavam a mão. "Bom, se você vai fazer direito por causa do diploma, pode ir na minha casa. Porque o meu diploma serve de tapete, na entrada da casa." E olhe que ele tinha cursado a Faculdade de Direito do Largo São Francisco! Mas era um latinista apaixonado. Ele sabia mesmo a língua. E ele também sabia grego, o que era muito interessante porque no meu curso tinha grego, no colegial. Então, você pode fazer muitas relações entre a gramática do latim e a do grego, porque, afinal, são línguas indo-europeias – de ramos diferentes, mas são. E ele fazia isso na aula. "Está vendo isso aqui? Isso, no grego, é aoristo, que não tem no latim; esta forma aqui, que pode servir como uma forma de generalização." Então, ele estava ministrando uma aula de nível universitário. O professor de português, Amauri de Assis Ferreira, era outro professor excelente. A gente não via a hora de chegar a aula dele. Porque ele lia tudo, estava a par de tudo. E ele estimulava os alunos a comprar livros. Ele era uma pessoa assim. De vez em quando, eu ia na casa dele, porque o meu pai era eletricista e o fogão Dako dele quebrava, e meu pai ia consertar o fogão. Ele dizia: "Castilho, venha aqui. Eu quero lhe mostrar uns livros novos que chegaram. Chegou este livro. Vai lá na Casa Cal e compre." A Casa Cal era uma livraria. "Compre este livro. É muito bom." Então, era uma pessoa assim, que gostava do que fazia.

Vendo aquele quadro de professores, eu pensava: "Eu quero ser professor, porque olhe o que eles fazem na sala de aula. Eu quero ser professor." E, além do mais, minha mãe era professora. Então, as minhas respostas sobre o magistério são enviesadas, porque sempre quis fazer isso, sempre gostei da ideia, sempre gostei de fazer isso. De modo que é mesmo um negócio que veio desde logo.

Qual o futuro que vejo para a aula na universidade? Acho até que já está mudando, mas precisa mudar muito, mesmo. Porque essa explosão da informação fez da universidade uma escola qualquer. Não mais o único lugar onde você vai obter a informação. É uma resposta banal que estou dando, mas é o que acho. Então, lá não é mais o único lugar para isso.

Se esse lugar foi retirado por essa maravilhosa explosão da informação pelos meios eletrônicos e pelas grandes bibliotecas, então você pode fazer a coisa mais interessante em uma escola, que é transformá-la em um lugar de descoberta científica. Já que o grosso do que se descobriu está disponível no celular, posso fazer uma coisa diferente. Vou procurar alguns temas que não foram, ainda, bem resolvidos, que não estão bem descritos ou bem historiados. E levo aquilo para a sala de aula. Então, faço das salas de aula, das classes, faço disso pequenas academias de descoberta científica. É claro que tenho de me preparar para poder fazer isso. Então, acho que, na verdade, este momento é maravilhoso para dar aula. É um momento único. Você não é mais o portador da informação. Você está livre disso. Não tem de dar aquela aula expositiva, que o aluno anota e é um tédio. Não. Agora, o conhecimento básico está aí. E eu assumo que vocês vão ler e devem ler, mesmo. Mas, aqui, nós vamos é pesquisar certos aspectos que ainda estão meio obscuros. Olha essa explosão da linguística cognitiva. A pergunta, agora, não é mais o que está documentado no texto falado ou escrito. Não. A pergunta, agora, é como é que aquilo se formou na sua cabeça. Que tipo de categoria cognitiva você operou para criar essas expressões, essas estruturas. O que é isso, afinal? Então, como eu diria, como bom caipira, isso "é um mundão veio, sem porteira", não é? Acho que este é um momento de ouro.

É claro que, ao lado disso, existem alguns problemas operacionais. O professor não está satisfeito com a sua carreira, não recebe muito bem, poderia ser mais bem pago. E a universidade virou, também, um lugar de muita discussão política – política partidária, não política científica. O que me preocupa, é o seguinte: sempre achei que a universidade – ou mesmo uma escola qualquer – é um espaço leigo, por excelência. Leigo, porque ali não se prega uma religião. Ensinar religião, é na Igreja. Esse é um ponto. Outro ponto é que a universidade é um espaço leigo também do ponto de vista da política universitária. A universidade não pode endossar um partido político. No dia em que a universidade se abrir para o partidarismo político ou religioso, ela desaparecerá como o lugar do contraditório, do debate, da aceitação do contrário. Imagine que, três anos atrás, eu estive, para um concurso, na Universidade Federal de Goiás. Era véspera da eleição presidencial, e o lugar estava todo cheio de cartazes de um candidato – pode até imaginar qual fosse. Tudo aquilo, cheio. E eu falei para o diretor: "Escuta, aqui é uma universidade pública. Ela não pode endossar um candidato. Ou ela prega os cartazes de todos, ou não prega de ninguém. O senhor não acha que isso está inadequado?" Ele me olhou com uma cara de tanta surpresa, que eu pensei: "ele nunca pensou nisso". Acho que ele pensa que "sim, aqui eu posso pregar os cartazes desse candidato, porque eu quero, eu deixei". Isso é muito preocupante. Infelizmente, esse tipo de atitude começou, agora, a afetar as sociedades científicas. Outro dia, a Associação Brasileira de Linguística, de que fui presidente e sócio-fundador, estampou em seu *site* uma declaração a favor de um político, cassado pela Justiça.

Esses tristes episódios me lembram de um fato. Você sabe, idosos estão sempre se lembrando de alguma coisa. Pois me lembro de uma ocasião. Eu morava numa pensão no bairro da Consolação, quando era aluno. E um dia estava andando pelo bairro, antes do almoço. Era um domingo. Escutei, vindos de uma casa de família, uns cânticos da Igreja Presbiteriana. Sou presbiteriano de formação. Olhei pela porta, e aquilo parecia ser uma igreja. Olhando melhor, notei que ali estava o professor Maurer Jr., um colega seu, um professor de filosofia da USP e o dono da Livraria Universal, que frequentávamos, pois dispunha sempre de muitas obras clássicas. Entrei, e notei que todos estavam discutindo um dos livros do Novo Testamento, o *Livro de Mateus*, ou *Kata Matthaion*, lendo no original, que é o grego da *koiné*. Foi aí que descobri que o professor Maurer Jr. tinha três grandes funções em sua vida. Ele era aquele linguista tremendo, que tinha decifrado o latim vulgar com base na comparação entre as línguas românicas, pois essa modalidade de latim nunca foi escrita. Era um líder religioso, tendo fundado aquela igreja como uma dissidência da Primeira Igreja Presbiteriana de São Paulo. E era, também, um líder político, pois presidia o Partido Progressista, um partido que adotava, como bandeira, o cooperativismo de consumo, não o de produção. Ele tinha escrito um tratado sobre o cooperativismo, e tinha fundado a Cooperativa de São Paulo. Em outra ocasião, já na Faculdade de Filosofia, lhe perguntei: "Professor, por que o senhor não fala, lá na faculdade, o seguinte: 'Se tiver algum aluno evangélico, venha falar comigo.' Conte que tem isso, aqui." Porque nós, que fazemos letras clássicas, chegarmos a um lugar em que as pessoas estão lendo um texto em grego – está certo, é o grego da *koiné*, que é um grego mais simples, mas estão lendo em grego –, caramba! Olhe só a resposta do professor Maurer: "Não, não pode. Porque a universidade é leiga. Eu não posso falar de religião na universidade." Mas não desisti, e voltei à carga: "Então, professor, não é preciso falar disso na sala de aula. O senhor conversa sobre isso, com os alunos, no corredor." E ele: "Não. Isso não resolve, porque ainda estaria dentro da universidade; não posso e não vou fazer isso." E não fazia mesmo. Então, "naquele tempo", tinha uma cabeça assim, que parece estar desaparecendo. Aí, será um prejuízo desgraçado! Vamos insistir nesse ponto: a universidade é leiga, e você não mistura as águas aqui dentro. Aqui é ciência. Não é política partidária. Política, só se for científica.

Isso me preocupa muito, porque podemos estar entrando numa decadência desgraçada. Se entram os partidarismos por uma janela, o conhecimento científico sai pela outra. Isso é inevitável. Isso me preocupa. É muito difícil desenvolver hábitos científicos, construir instituições científicas. Para destruir, é muito fácil. Então, é isso.

ARTE
DA AULA

FRANKLIN LEOPOLDO E SILVA

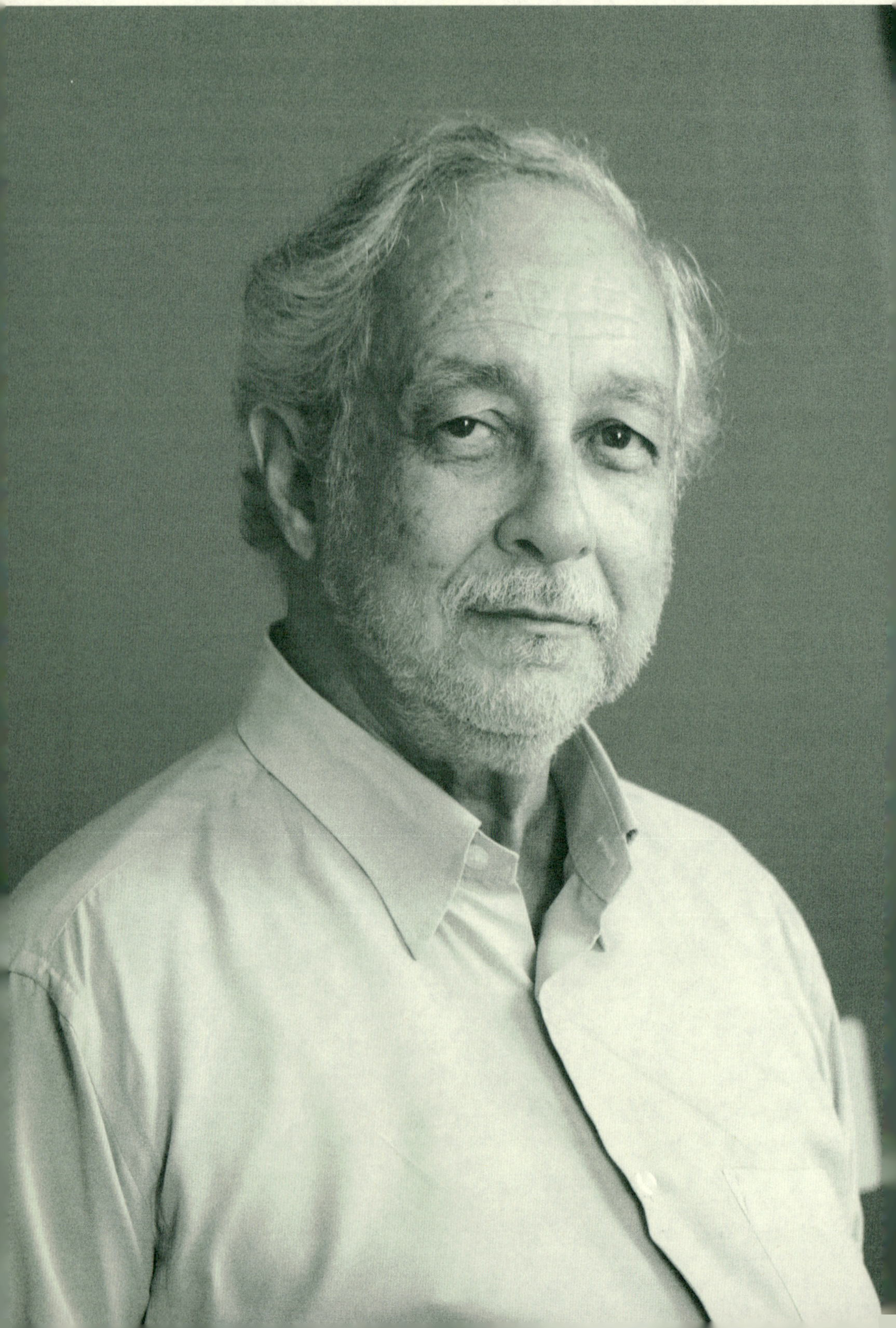

Eu me lembro de como foi minha primeira aula. No tempo em que fiz o curso de filosofia, o vestibular era específico. Então, cada curso tinha o seu próprio vestibular. O de filosofia era constituído por três exames: um de língua, uma redação de filosofia, que também seria o português, e o exame oral. E a gente já tomava um certo contato com os professores, a partir daí. Eles davam o exame e, também, faziam o exame oral. E depois, então, a gente iniciava o curso de introdução, primeiro ano. Naquela época, chamava-se Teoria do Conhecimento. E fiz esse curso com a Marilena Chaui. Foi a segunda vez que ela estava dando aula, era recém-formada, ainda. A primeira aula, evidentemente, já era para valer. E a gente se assustava muito, e esse susto permaneceu durante algum tempo.

Naquele tempo, também, uma das coisas que complicava um pouco a vida da gente – principalmente a minha, que não tinha uma formação muito aprimorada – era que não havia traduções. Havia muito poucas traduções, principalmente de autores mais contemporâneos. E o primeiro livro que a gente tinha de ler era o Foucault, *As palavras e as coisas*, em francês. Então, a gente sabia pouco o francês – e havia a dificuldade em entender o Foucault. Nós nos reuníamos em grupo, havia sempre um grupinho dos conhecidos e tal. A gente conseguia traduzir o francês, mas continuava não entendendo nada. Então, esse era o drama que a gente vivia. E, naquele tempo, havia um clima, digamos assim, um pouco mais formal. A Faculdade de Filosofia sempre foi pouco formal, mas ainda havia um clima muito formal. Ou seja, ninguém tinha coragem de dizer para a Marilena que havia dificuldades, que nós não estávamos acompanhando. Ninguém tinha coragem de chegar e dizer. Mesmo ela sendo jovem, pouco mais velha do que a gente, havia um certo clima – não digo que era de autoridade, mas era um respeito formal, que nos impedia de nos dirigirmos a ela de maneira mais coloquial. E nós fomos atravessando essas crises todas, as coisas foram melhorando um pouco. Mas a primeira aula, eu lembro muito bem que me impressionou muito. Na verdade, já estava um pouco preparado para esse tipo de coisa, porque tive a sorte de ter, no colégio, uma professora de filosofia muito rigorosa, excelente, do ponto de vista didático, perfeita. E que poderia perfeitamente dar aula em qualquer universidade. E tive a sorte de ter aula com ela durante três anos – de filosofia. Que foi, aliás, o que me estimulou a fazer filosofia.

Então, com a aula de filosofia, com suas dificuldades intrínsecas, eu já estava mais ou menos habituado. Porque a gente, no colégio, passava por isso também – embora em um grau menor. Mas aquela expectativa da primeira aula é sempre uma coisa complicada. Naquele tempo, não havia trote, nada dessas coisas; começava direto. E a Marilena com aquele hábito, que ela conserva até hoje, de levar aquele calhamaço de folhas e ler. De vez em quando, ela levantava os olhos, dava uma explicação. Com isso, desde a primeira aula, a gente foi aprendendo uma certa disciplina de pensar, falar e escrever – que era o que a Marilena sempre julgou que têm de ser os requisitos do aluno e a primeira coisa que ele tem de aprender. Aprender a ouvir, aprender a falar, aprender a escrever, aprender a pensar. Essas quatro coisas fazem parte, digamos assim, do que deve ocorrer em uma sala de aula. E, desde o princípio, ela dava o exemplo disso. Nós fomos, então, ainda que a duras penas, aprendendo, nos acostumando com isso e assimilando esses hábitos. Então, foi uma coisa súbita, um tanto quanto brutal, como era de se esperar de um curso como o de filosofia. Mas, ao mesmo tempo, foi um aprendizado agradável. Diria, até, deslumbrante. Isso ajudou muito a nos introduzir no clima da aula e nos procedimentos formais, e a nos adaptarmos ao rigor que havia ali, da parte dos professores. A Marilena e outros dois professores, que davam seminários. Então, a gente teve de aprender a se virar muito bem. Porque a aula de filosofia, creio que até hoje ela é mais ou menos assim: ela dá indicações, mas está longe de dizer tudo. Então, você não só tem de se virar, mas tem de descobrir para que lado se virar. E, naquela época, tínhamos de fazer isso, para poder apresentar seminários, fazer as provas, fazer os trabalhos – que eram frequentes. E assim foi. Éramos poucos, um pessoal muito solidário: estudávamos juntos, estávamos sempre em uma relação de amizade muito boa. E fomos levando a coisa, um ajudando o outro, dessa forma, até o fim.

Dos que entraram comigo, três ou quatro se tornaram professores da própria USP e da Unicamp. Eu me lembro do Jorge Coli – foi meu colega, entrou comigo. Foi professor da Unicamp – ainda é professor da Unicamp. A Lígia Watanabe, que já é aposentada, mora na França, também foi minha colega de cursinho e minha colega de primeiro ano. Foi professora de filosofia antiga. Eu me lembro desses, mas a maioria se tornou professor. Naquele tempo não havia Unesp, mas havia as faculdades que, depois, seriam da Unesp, no interior. Muitos foram para lá – a maioria. Naquela época, não havia muito campo além da docência. E a turma era pequena. O vestibular, acho que era para 25 vagas, e tinha 25 alunos. E havia uma evasão também, muito trancamento, muita desistência. Naquele tempo, a universidade não aplicava – pelo menos no setor de humanas – as regras do jubilamento *stricto sensu*. Então, você podia largar um pouco.

A primeira aula... O curso era sobre Merleau-Ponty e o humanismo, que era uma história da filosofia vista pelo Merleau-Ponty. Era um curso muito bem bolado, porque falava de tudo e, ao mesmo tempo, sob o olhar, a interpretação do Merleau-Ponty. Então, você unia uma grande carga de informação histórica com a visão contemporânea da filosofia. A Marilena bolou isso – ela tinha feito um trabalho nesse sentido – e, para nós, foi muito interessante, porque obrigava a pesquisar, na história da filosofia, além dos filósofos contemporâneos, Merleau-Ponty e os outros da *entourage* dele. Então, essa conjugação era um estimulante. Além da aula da Marilena, naturalmente. Não lembro particularmente o que teria ocorrido na primeira aula, mas começou já dentro desse clima. Uma outra coisa, também torturante, digamos assim, é que ela fazia os trabalhos – ela, Marilena, fazia os trabalhos. Ela passava os trabalhos e ela fazia. Aí, quando chegava o dia de entregar, a gente entregava, punha em cima da mesa. Aí, ela dizia assim: "Agora, eu vou ler o meu." E lia. E todo mundo ficava assim: "Ah!" Primeiro tinha de entregar e, aí, ela lia o dela. Isso era muito bom; era como se ela estivesse dando o exemplo. Ela não fazia isso para se mostrar; ela estava dando um exemplo do que significa um trabalho intelectual dentro dos parâmetros que eram exigidos. Então, em vez de dar aulas sobre isso, sobre o método de fazer um trabalho, ela o fazia. E ela explicava por que colocou isso aqui, por que citou fulano, por que fez essa divisão. Isso era muito interessante para nós; era um grande aprendizado.

Eu me lembro, também, de minha primeira aula como professor. Foi pouco mais do que um desastre, porque eu e mais os outros professores que entraram comigo no Departamento de Filosofia – acho que foram mais quatro ou cinco –, nós entramos na época logo posterior às cassações decorrentes do golpe militar de 1964. Portanto, o departamento estava muito desorganizado e esvaziado de professores, tudo muito improvisado. Já o nosso último ano teria sido assim, por conta das cassações. Nós fomos, então, meio que pegos e jogados na fogueira. E, por sugestão do reitor da USP na época – que era o Miguel Reale –, as vagas foram aumentadas de 25 para oitenta, porque o Miguel Reale falou: "Põe gente aí porque, senão, eles vão fechar. Pelo menos encha de gente, para dificultar a coisa, porque eles vão fechar." E, aí, o pessoal fez, juntou tudo. Assim, quando nós entramos, juntando o pessoal que já estava fazendo pela segunda vez, que tinha desistido e tinha voltado, dava mais ou menos 150 pessoas. Havia o auditório, naqueles barracões que vocês devem conhecer. E a gente – eu, pelo menos –, nunca tinha dado aula. Acho que dei uns três meses de aula em um cursinho, mas nunca tinha dado aula. Trabalhava em outras coisas. E, aí, me vi lá, no meio das 150 pessoas, sem luz, sem microfone e naquelas condições precárias dos barracões, tendo de me virar.

Então, considero que as minhas primeiras aulas foram uma coisa muito próxima do desastre. Eu me lembro de que ouvi muita reclamação. Os alunos reagiram, querendo, enfim, uma mudança daquilo. Mas os outros que davam aula também não eram muito diferentes de mim. Logo, não tinham muitos parâmetros de comparação. E muitos professores tinham tido de sair do país, mesmo sem terem sido cassados. O departamento estava assim, por conta desse pessoal, que era muito calouro mesmo, desse ponto de vista.

O curso de filosofia, na época, não se preocupava – e, aliás, é uma preocupação recente – com a questão da aula, a chamada licenciatura: a aula, o método, aprender a dar aula. Não havia nenhuma preocupação desse tipo. Achava-se que isso era coisa natural. Alguém chegava em uma sala e falava. Quem entendeu entendeu. Quem não entendeu que entendesse. Não havia, propriamente, uma preparação metódica para aquele que iria ser professor. Portanto, a nossa situação, minha e de meus colegas, era essa. A gente tinha de imaginar o que fazer para tornar a coisa mais palatável.

Ah, sim, era uma herança, porque nunca houve essa preocupação. Apesar de a filosofia ter convivido, durante muito tempo, com a educação, lado a lado, na antiga Faculdade de Filosofia, Ciências e Letras, não havia uma permeabilidade. Essa preocupação é bem recente. A maioria dos professores, dos meus professores, achava que não havia necessidade disso, que dar aula não é uma coisa que se aprende a fazer. Se faz. E cada um faz do seu jeito. Então, nunca teve uma preocupação metódica. Mas quando você está diante de um grupo de alunos dessa natureza, 150 alunos, um grupo muito heterogêneo... Naquele tempo, o vestibular era por opção... Assim, conforme a nota de fulano, ele podia optar em uma escala descendente. O camarada queria entrar, por exemplo, em sociologia, uma coisa desse tipo, dentro do setor de humanas, mas não conseguia, por causa da nota. Daí, ele vinha abaixando e tal. Iria entrar em história, também não conseguia. Geografia, não conseguia. A filosofia era uma das últimas opções. Corria até um boato malévolo de que, não tirando zero, entrava em filosofia. Porque zero destruía, mas, se fosse 0,1, já estava na filosofia.

O público era muito heterogêneo, e havia essa questão psicológica, que vivenciei muito com os alunos: o camarada estava fazendo uma coisa que ele não queria fazer. Agora, ele não ia perder a oportunidade de estudar na USP. Não entrou em geografia, não entrou em história, não entrou em ciências sociais, entrou em filosofia, tudo bem. "Eu fico lá até dar um jeito de transferir" – o que era muito difícil, também. Então, você tinha a má preparação porque, nessa altura, a filosofia já estava sumindo do segundo grau. Em 1969, 1970, a filosofia já não estava mais no segundo grau. Os alunos não tinham nenhuma informação. E, ainda, esse agravante. Não era fácil lidar com eles, principalmente para quem vinha com esse despreparo que eu e os meus colegas tínhamos. Portanto, as primeiras aulas foram muito difíceis. E, também, a questão que não havia mudado muito, desde que eu tinha sido aluno: não havia traduções. Aí, em 1970 começou a surgir a coleção *Os pensadores*, da Editora Abril. Mesmo assim, você não tinha tradução de comentadores – que, para nós, é o essencial. Era difícil você lidar com essa situação e ir levando as pessoas. A gente ia inventando coisas, imaginando maneiras de fazer algo – seminários, grupos, leituras paralelas –, para ver se o pessoal se interessava um pouco mais. Algumas coisas deram certo, outras não. Mas era muito difícil. Os meus primeiros tempos de professor foram muito difíceis.

A primeira parte das minhas aulas era, principalmente, uma conferência. Porque é o estilo de aula. Assim, tinha uma parte que era essa aula e, depois, a segunda parte, que deveria ser de seminários. Mas, já naquele tempo, os seminários eram desprestigiados – como ainda são. O pessoal não gosta de seminário. O pessoal gosta de ouvir a aula, mesmo que ela não seja muito agradável ou inteligível. Acredito que seja um preconceito. Os seminários eram muito esvaziados, e as pessoas os faziam também de um modo precário, porque não havia como se preparar muito bem. Lembro de uma tática que achava muito engraçada, em seminário. Porque tem aquele problema do colega que quer lhe pegar pelo pé, na hora do seminário. Então, o pessoal ensaiava. O grupo que iria falar e o grupo que iria fazer as perguntas já combinadas. Acabava o seminário, alguém levantava a mão – sempre era alguém desse grupo e tal. E perguntava o que já estava escrito ali. A pessoa ia seguindo a pergunta e a resposta já estava lá – "Pois não, vou responder." Era muito engraçado, isso. Revelava também uma coisa que não sei se ainda existe, mas as pessoas tinham medo, por exemplo, de ser reprovadas, tirar uma nota abaixo de cinco, não conseguir fazer um trabalho suficiente. Era motivo de muita preocupação. Isso gerava essas estratégias todas porque as pessoas não tinham preparo. Elas tinham de se apropriar de muita coisa que nunca tinham tido, para poder acompanhar minimamente um curso que já era monográfico, na época. Era um curso, no meu caso, sobre Descartes, o autor tradicional da introdução. Ou, então, Platão. E era um semestre todo sobre isso. Era difícil acompanhar; havia muita contestação a esse método. Mas o Departamento de Filosofia nunca reviu isso, nunca desistiu de fazer curso desse tipo. Já naquela época, outras faculdades faziam cursos panorâmicos. Mas o departamento nunca aceitou. Então, era um curso, digamos assim, com um professor inexperiente, chato e, por ser monográfico, difícil. Precisaria, mesmo, alguém com muito jogo de cintura para se dar bem ali. E, em vez de colocarem o mais experiente, colocavam o menos. Pois a ideia do Porchat e dos demais veteranos era jogar na fogueira, não é? Joga na água e, quem sobreviver... Então, o pessoal entrava e já pegava isso. Não ficava uma classe pequena, não, para fazer um seminariozinho com dez pessoas. Não. Pegava-se um auditório com 150, e tinha que se virar.

Um seminário era, em geral, um texto que os alunos liam, comentavam e discutiam com a suposição de que isso geraria uma discussão também entre os demais, que assistiam. Logo, conforme o seminário, a extensão do texto, era um grupo de três, quatro pessoas. Eles liam o texto, comentavam o texto, problematizavam o texto. E propunham, então, questões. E o pessoal que estava assistindo, daqueles que liam o texto – que não eram muitos, daqueles que não gostavam de seminário –, já vinha, também, com questões. E, aí, entravam esses vícios, não é? Tanto questões teóricas pertinentes quanto pegadinhas para colocar o colega em má situação. Era o ambiente. E havia, também, a questão política da repressão, aquele clima pesado, policiais dentro da sala de aula, alunos perseguidos, presos, tendo de fugir. Porque em 1970, 1971, a coisa era complicada. As aulas eram muito interrompidas, havia muita paralisação por conta dessas coisas. Tudo isso contribuía para que as condições fossem precárias. Terminei o curso em condições precárias e comecei a dar aulas em condições precárias. Não era fácil.

A repressão batendo na porta. Isso era um drama de todos nós, e dos alunos. Os alunos ficavam perplexos. O que esse cara está falando? O mundo está desmoronando. O que é que esse cara está falando, aí? Estavam perplexos, e nós também. Mas havia aquela velha ideia que o Paulo Arantes colocou muito bem nos livros dele, de que você tinha de preparar as pessoas para pensar, para que elas pudessem pensar em país. E o curso de filosofia tinha, então, de exercer esse papel, para que houvesse uma possibilidade de pensar a situação de forma rigorosa, e não de forma aleatória, fantasista, voluntarista. E o próprio Paulo Arantes conclui, nos textos dele, que, quando chegou a hora de isso funcionar, não havia mais condições, por conta do golpe. Então, o Departamento de Filosofia tinha um projeto, que era um projeto antropológico, do João Cruz Costa, que não estava de acordo com isso. Mesmo aqueles professores que pensavam diretamente o país, como o Cruz Costa e outros, mas também o Giannotti, o Bento Prado Jr. e outros professores que faziam a filosofia mais clássica, não é?

Mas havia essa ideia de que as pessoas tinham de ser preparadas para alguma coisa que não era só saber filosofia: fomos acusados, muitas vezes, de ensinar uma filosofia que não tem a ver com a realidade, por tratar o filósofo como se fosse um universo à parte. Na verdade, havia algo por trás disso. Mas, quando ia se concretizar, as punições objetivas não permitiram. Assim, nós estávamos nessa época: exatamente quando a coisa naufragou. Nem nós sabemos por que a gente fazia aquilo. A gente se perguntava: "Por que falar em Descartes?" E havia alguns mais ousados que, no meio do curso sobre Descartes e Platão, deixavam um espaço da aula para discutir questões políticas e tal – o que, naquele tempo, não era prudente fazer. Mas era essa espécie de ambiguidade que experimentávamos. A gente tinha intuição de que aquilo ia servir para alguma coisa, mas não tínhamos clareza de para quê. A mesma clareza que os nossos professores tinham de um projeto. Nós, que éramos apenas um meio, no final não tínhamos. Então, essa parte filosófica ideológica contribuía muito para confundir o meio de campo. O nosso e o dos alunos. Os alunos, vivendo aquela situação terrível, cobrando que se fizesse alguma coisa a respeito. E só se fazia plano assim, paralelo – o departamento não abdicou daquele curso rigoroso, tratando Descartes como se só fosse ele no mundo. Era assim que as coisas eram feitas. Paralelamente, tinha muita coisa, mas era assim. E com muitas dificuldades, porque havia gente, principalmente militantes, que questionavam muito isso. Eu me lembro que havia um rapaz, lá, que tinha uma capacidade que eu achava bastante extraordinária. Ele pegava esse programa sobre Descartes, as condições da representação, do *cogito*, da onisciência de Deus, alma e corpo, e ele provava que cada item tinha a ver com o fascismo. Ele provava. E reunia os alunos e falava isso. Então, os alunos já entravam na sala esperando que você fosse falar à moda fascista do "penso, logo existo", da onisciência de Deus ou da separação de alma e corpo. Não era fácil.

Embora não pensasse a aula estritamente, tinha um pouco uma preocupação de que havia um momento público para além do gabinete, da pesquisa e tal, que se alternava nessas duas dimensões. A relação entre a pesquisa e o ensino, no Departamento de Filosofia – e acho que também nos departamentos de humanas em geral, em sociologia, história –, creio que sempre foi uma coisa muito peculiar e diferente, se comparada à de outros departamentos. As ciências exatas não vão por aí. Pois todos nós tínhamos na cabeça uma frase que o Bento disse, uma vez, em uma reunião: "A aula é o principal acontecimento da universidade." Eu nunca mais esqueci essa frase. Que tudo gira em torno da aula. A universidade gira em torno da aula. Ela é o acontecimento para o qual você se prepara, os alunos se preparam. Então, você vai lá, vai lidar com o que você fez, vai lidar com o inesperado. Enfim, é um acontecimento, é importante. Isso dava à aula uma extraordinária relevância. Não era brincadeira preparar uma aula. E, dentro dessa concepção, entrava também pesquisa, que era muito enraizada na sala de aula. Para nós, que dávamos aula de introdução, nem tanto, porque era Descartes e Platão. Mas, para os outros professores – e até hoje, para os mais antigos –, o artigo, em geral, sai de uma aula ou de um curso que você deu. Ele sai porque a pesquisa é feita para a aula. Isso, o Bento também fazia questão de dizer. Você pesquisa para a aula. Outra coisa, também, que se dizia muito, para além do escândalo, já naquela época, dos demais: o primeiro destinatário da pesquisa tem de ser o aluno. Portanto, você pesquisa para poder dar uma boa aula. Você não pesquisa para ganhar pontos em qualquer lugar. Você pesquisa para dar uma aula boa. E, a partir daí, você faz muitas coisas. A aula como centro da vida universitária é uma coisa que me marcou muito – e até hoje, sempre que posso, em oportunidades assim, como esta, sempre digo que o binômio ensino-pesquisa, do ponto de vista histórico, nos últimos tempos, acabou sofrendo um desequilíbrio, porque a aula e o ensino ficaram um pouco sucateados e a pesquisa ganhou relevância por conta das questões da tangência e tudo o mais. Então, a universidade passou a ser, em grande parte, habitada pelo pesquisador que dá aula. E esse pesquisador que dá aula, ele dá aula de má vontade. Vocês sabem que, em muitos lugares, o sujeito, depois de doutor, não dá mais aula. Ou livre-docente, alguma coisa assim. Atinge um certo grau, ele não dá mais aula. Porque é uma atividade menor, uma atividade de quem está começando.

Esse prestígio, esse valor que a aula perdeu, acho uma coisa complicada. Porque é óbvio que a universidade existe em função do aluno. A pesquisa e o ensino, portanto, em função do aluno. O aluno é o destinatário da pesquisa. É primeiro ele quem vai saber o que você está pensando, o que você está pesquisando. Depois, eventualmente, isso vai se estender para outras coisas. Aquilo que, depois, começou a acontecer com muita frequência, principalmente nas áreas científicas, a sonegação da pesquisa, a divisão completa entre uma fórmula de aula de graduação bem simplificada e, ao mesmo tempo, o cara fazer uma pesquisa de alto nível: o nível do universitário medido pela pesquisa, e não pela aula. Tanto é que até se nota isso, quando se fala de avaliação. O que vale a aula em uma avaliação? Infinitamente menos do que o artigo que você escreveu. Se você não deu nenhuma aula no semestre, mas escreveu dois artigos, você está salvo. Agora, se você deu dezesseis aulas e não escreveu nada, está ferrado. Esse desprestígio da aula é uma coisa que faz parte da história da universidade. E fui de uma geração que teve aulas com professores que tinham a ideia totalmente inversa. Em primeiro lugar, a aula. Você sacrifica qualquer coisa para preparar uma aula e dar uma boa aula. A sua tese, o seu trabalho. As reuniões do departamento. Então, é a aula, a preparação da aula, a maneira pela qual você vai encaminhar aquilo. E os alunos, de alguma forma, antes de começar essa crise toda, eles sentiam isso. Eles sentiam que o professor, ali, estava falando de uma coisa na qual ele estava muito empenhado. Porque podia ser Aristóteles, Plotino ou o que fosse, mas ele estava muito empenhado. Ele passou muito tempo pensando naquilo, para poder falar alguma coisa de interessante. E os alunos sentiam isso e absorviam isso como um modo de dar aula. E na filosofia, isso, de alguma forma, se conservou. Os livros que o pessoal, até recentemente, publicou, é nítido que saíram dos cursos, saíram das aulas. Eu me lembro daquele professor do Rio que falava: "A aula é o nosso laboratório. É na aula que você experimenta o seu pensamento e experimenta o pensamento do outro." Esse encontro é ao vivo. Depois, você vai consolidar aquilo, vai escrever e tal. Mas é a aula o acontecimento; isso é ao vivo. Então, você percebe que havia essa centralidade da aula. E, paradoxalmente, não havia nenhuma preocupação com métodos objetivos para dar uma boa aula. O requisito era: "Olha, você está interessado no assunto? Tem estudado muito aquilo?" Ter passado quinze dias em cima de um texto, para entender bem e poder chegar lá e fazer um comentário pertinente. E para o aluno. Sempre para o aluno. Para o que valia tudo aquilo? Porque você não iria publicar, não iria fazer nada. Tudo aquilo era para que, naquele dia da semana, você entrasse na sala e falasse com o aluno. E, como disse, de alguma forma os alunos sentiam isso, e eles correspondiam a esse empenho do professor com o próprio empenho deles, na medida do possível. A gente sentia o peso da aula, a maneira como o professor era considerado. E isso, na filosofia, para a geração com quem eu tive aula, era uma coisa muito importante. Antes da pesquisa, antes do livro, antes da tese, antes do artigo – a aula estava sempre em primeiro lugar. E, portanto, o aluno. Que é uma coisa que também está meio em desuso, não é?

Quando eu reclamava que não conseguia dar boas aulas, chegava para os professores: "Gente, não consigo, as coisas não estão andando. Está muito chato." Então, eles diziam assim: "Você tem de dar uma aula que lhe interesse. Se a sua aula não diz respeito a você, ela não vai chegar ao aluno. O aluno sente que você está fazendo aquilo burocraticamente. Logo, é preciso que você fale daquilo que lhe interessa, daquilo que lhe entusiasma, daquilo em que você está empenhado." Nós, como eu já disse, tínhamos uma ementa na introdução, o que nos impossibilitava fazer isso. Agora, todos os outros, em geral, davam aula sobre o trabalho deles. Quem fazia Spinoza, falava sobre Spinoza. E assim por diante. Isso fazia com que o sujeito unisse alguma coisa pela qual ele tinha uma certa paixão até, às vezes, com o trabalho. Assim, o trabalho não ficava burocrático, e a aula ficava boa. Difícil, complicada, mas muito boa. Porque nem todos tinham – não éramos só nós, os jovens, que não tínhamos – jeito para dar aula. Muitos dos meus professores mais antigos também não tinham. Havia professor que você nem ouvia o que ele falava. Mas, se você conseguisse ouvir, você percebia que ele estava falando de uma coisa importante para ele, que lhe interessava; que ele tinha preparado muito bem, que ele tinha lido muita coisa para dizer aquilo – embora com aquela dificuldade, nervoso e tal.

Então, a instrução que nós recebíamos era essa: se você não se interessar, o aluno não vai se interessar. É uma coisa que passa por empatia. É preciso que a aula tenha esse teor. E o grande exemplo disso, para mim, ainda continua sendo a Marilena. Porque, mesmo quando ela fala do sujeito que viveu no século XVII, dá a impressão de que ele está ao lado dela. Ela tem essa capacidade. E ela mostra como aquilo diz respeito a você e a mim. Ela tem essa capacidade. É isso que é o segredo. Agora, é preciso ter um certo talento em você para transformar o seu assunto em uma coisa relativamente apaixonante. Você pode fazer isso com Descartes, com Platão e com vários autores. Depende muito de como você faz isso, de como você consegue esse tipo de transmissão. Porque isso é o que pega o aluno, isso é o que ganha o aluno, mais do que a informação objetiva. Claro, tem de ser honesto, mas a informação objetiva, por si só, ela pode aparecer como uma catalogação, se você não se colocar na coisa. Portanto, sempre diziam isso: esse é o segredo da aula, o entusiasmo. O Giannotti ficou famoso por isso, pelo jeito dele. Ele transformava a aula em comício. Isso era o jeito de transformá-la em uma coisa importante. Não é só informação competente, que se pode pegar nos livros, mas essa atitude que o aluno assimila, e que vai formá-lo como intelectual, como crítico, eventualmente como professor, como cidadão. Isso era o que se procurava fazer. E a aula tinha um papel central nisso. A aula era muito importante. É lamentável que já não seja assim, não é? Eu nunca esqueço de uma piada – o Gabriel Cohn é muito espirituoso, muito fino. Uma vez, estava em uma assembleia em que essas coisas estavam sendo discutidas, uma reunião qualquer. E ele falou assim: "Eu acho que chegamos ao ponto em que temos de assumir um lema. É preciso lutar pela universidade sem classe." Aí, teve um segundo assim, de interpretação. E aí, o pessoal caiu, porque ele fez uma armadilha. Porque, na verdade, o ideal é universidade sem aluno. Nós chegamos a esse ponto. Mas isso, comparado com o que recebi como formação docente, isso é uma completa degeneração. Os colegas acham que estou errado, mas não hesito. Acho que tem de haver equilíbrio entre pesquisa e ensino. Mas, se tivesse de fazer uma classificação, colocaria o ensino em primeiro lugar, tranquilamente. E a pesquisa como subsidiária do ensino.

No caso das humanidades – e da filosofia em específico –, há o fato de que você não tem propriamente nada consolidado. É diferente do cara que vai dar Cálculo II, não é? Não tem muito o que fazer com aquilo. O Bento também tem outra frase, ele sempre dizia o seguinte: "Justamente por conta de que há sempre alguma coisa que ainda não está consolidada, que vai depender de você, dê aula sempre sobre o que você não sabe." Porque é o ritmo da aula, quer dizer, a pesquisa para a aula que vai moldar o resultado que você passará para os alunos. E esse resultado será mais proveitoso se houver essa dinâmica de aula e estudo do que se você, por exemplo, falar de uma coisa que você está cansado de saber, de cor, e chega lá e despeja. Então, ele sempre dizia isso. E eu, pelo menos, sempre reproduzi essa ideia. Se vai dar uma aula, sempre procure alguma coisa nova – o que, também, no departamento, até pouco tempo atrás, era quase que obrigatório, não pode repetir curso. Agora, acho que vai ficar diferente.

As circunstâncias também são outras, não é? Mas, então, escolha um assunto que você não domina, comece a estudá-lo, e estude-o junto com os alunos. É isso que dá para a aula uma dinâmica de coisa viva, de participação, de questionamento, de interrogação e dificuldades. E isso é uma coisa que imagino que só se possa fazer na nossa área. Talvez em sociologia, um pouco, também se possa fazer essas coisas. Mas, na filosofia, isso cabe bem. E o Bento tinha essa concepção de que a aula ganha mais autenticidade quando o professor está falando de um assunto que ele não conhece bem. É claro que isso exige um trabalho terrível de preparação. Porque você não tem elementos. A cada semana, você tem de fazer uma coisa que lhe ocupa todas as horas do dia, visando à aula. Então, isso também é uma coisa complicada, hoje em dia. Se você for trabalhar só para a aula, você está perdido. Mas, naquele tempo, isso podia ser feito. A gente tinha muito mais tempo para preparar a aula. A aula era uma vez por semana ou, no máximo, duas vezes. Nunca tinha mais do que isso. Logo, a semana toda era dedicada à preparação daquela aula. E, a cada semana, isso se repetia. E essa dinâmica era boa também porque, como você não tinha um curso pronto, de uma aula para a outra as coisas podiam mudar, dependendo da conversa, das interpretações que surgiam, das dificuldades. Isso dava um ritmo muito bacana para a aula.

A empatia por determinada aula ou curso, acredito que tem a ver, também, com essa coisa de você falar do que o preocupa, e com o seu empenho. Quando dei curso sobre Henri Bergson, que foi objeto da minha tese – fiz duas teses sobre Bergson –, senti que havia essa empatia, essa comunicação, esse interesse, por parte dos alunos, de suscitar questões a partir daquilo que eu ia dizendo, que eu ia colocando da filosofia do Bergson. Eu me lembro de que foi um curso muito gratificante. Os próprios alunos, depois do curso, reconheceram que a coisa correu muito bem. E eu também fiquei muito contente com esse curso, mais do que com aqueles outros lá, sobre Descartes e tal. Mas a gente, às vezes até inesperadamente, tem essa satisfação. Eu, por exemplo, sempre dei muito curso de introdução. Dei pouco curso de pós-graduação; sempre me dediquei mais à graduação. E, muitas vezes, na introdução. Então, mesmo tendo essa coisa assim, meio neutra – porque na introdução você percebe que, muitas vezes, você é alertado, ao comentar aquelas coisas que seriam sobre Descartes ou coisa correlata –, você consegue fazer disso algo relativo à sua vida: atual e, portanto, interessante. Daí, os alunos, depois, vêm lhe dando esse retorno: que, apesar de parecer uma coisa chata e tão antiga, foi muito interessante e ajudou a pensar sobre muita coisa.

É claro que, quando você deixa de dar curso de pós-graduação para dar graduação, você é superelogiado, porque quem é que faz isso? Mas, comigo, eu tinha interesse. Nunca gostei muito da pós. Porque, na pós, o aluno já está focado no que ele vai fazer. Dificilmente o seu curso coincide com o interesse dele. Ele vai transformar o seu curso em algo que o interesse ou fará aquilo de maneira burocrática, para poder passar e completar aquele crédito. Ao passo que o aluno da graduação está mais aberto: ele ainda não descobriu o que vai fazer, ele está descobrindo. E é interessante, porque eles têm curso sobre Descartes e dizem: "Ah, eu vou estudar o Descartes." Aí, no semestre seguinte, têm Kant e retificam: "Não, não. É o Kant. Vou fazer tese sobre Kant." Então, eles vão descobrindo, porque eles ainda estão abertos. Agora, quando o cara se fixou, ele tem de transformar tudo o que ele faz no interesse dele. E a pós é um pouco isso. Ele tem pouco tempo para fazer aquelas disciplinas todas. Tanto é, que é muito comum o aluno chegar para você e dizer: "Ah, professor, vou tentar fazer uma coisa que harmonize o que você está dizendo com a minha pesquisa." "Tudo bem, não tem problema nenhum." Porque o sujeito não pode largar o que ele está fazendo, durante seis meses, para estudar uma outra coisa. Quem está fazendo tese não tem essa condição. Ainda mais hoje em dia, quando os prazos são críticos. Por isso, na aula de graduação, apesar de o aluno ser mal preparado etc., ainda assim você tem um campo mais promissor. A pós-graduação já é uma coisa relativamente consolidada, cristalizada. Então, a minha preferência sempre foi a graduação.

Se a aula pode influenciar o professor? Pode. Acho difícil que isso aconteça de maneira efetiva. Mas diria que não só pode, como seria, até, digamos assim, o ideal. Aquele contato que você tem, do ponto de vista coletivo, com o professor, com os colegas e com a bibliografia, com a coisa que você vai assimilando etc. – se aquilo tudo for assimilado, se aquilo tudo for organizado de um jeito que você possa entender o que aquilo tem a ver com você e o que aquilo pode lhe trazer, além do que você já tem, então essa influência pode acontecer. Não digo que aconteça facilmente, não. Mas, às vezes, acontece. É como o pessoal fala dos livros que a gente lê: a gente abre e fecha, mas fica do mesmo jeito. Mas tem certos livros pelos quais você acha que foi meio tocado. Depois que você lê o livro, fica meio tocado, você não é mais o mesmo. Acontece raramente, mas acontece. Acho que isso também pode acontecer com o curso, com a aula. E, às vezes, encontro alunos, ex-alunos que me dizem isso: "Olha, o curso que eu assisti com você – ou com fulano de tal – me fez pensar muita coisa, me fez redirecionar até coisas da minha vida." Então, isso acontece, se a aula for desse jeito, se a aula for uma coisa mais limpa. Hoje em dia é muito difícil, também, você tocar dessa maneira. Porque, digamos assim, você não pode contar com essa circunstância de participação, de entusiasmo e de valorização da aula. Os próprios professores têm essa questão de não valorizar muito a aula. Tenho um colega que, quando ele vê aluno de pós-graduação rondando pelo corredor, diz: "O que você está fazendo aqui?" "Ah, eu vim assistir a uma aula." "Vai para casa ler, vai para casa estudar! O que você está fazendo aqui?" "Não, mas eu quero assistir à aula de fulana." "Não! Vai embora, não vai assistir aula de ninguém!" Então, é esse privilégio que, no fundo, é o individualismo, a manifestação individualista. Porque, quando você está na aula, o que você ganha, o que você perde, tudo o que acontece na aula, acontece, de alguma maneira, com você e com os outros. Alguém faz uma pergunta besta, você ri. Depois, é a sua vez de fazer algo do gênero, também. Tudo aquilo gera um clima de transformação, de potencial de transformação. Mas, hoje em dia, as coisas já não se dão tanto dessa maneira, e a aula é um espaço meio neutro.

Se o espaço da aula deve ter sido desvalorizado por causa da desvalorização do espaço público em geral? Acho que isso, tem. É como esse meu colega sugeriu ao aluno: você ganha muito mais se ficar lá, na sua casa, lendo o livro para, depois, colocar na sua tese, do que se você ficar aqui, discutindo com todo mundo. Nas circunstâncias atuais, veja bem, ele pode até ter razão, objetivamente. Mas, subjetivamente, ele não tem razão. Esse aluno está perdendo. Ele pode, até, estar discutindo bobagem lá, eventualmente. Mas, se ele não fizer isso, ele está perdendo alguma coisa. E é como você está dizendo: tudo o que é coletivo está renegado. Porque o que é o outro? O outro é um competidor, não é? Então, não fica interagindo. Isso é complicado, porque é toda uma situação histórica e social que reflete muito na escola. A escola sempre foi definida como espaço de convivência. Hoje em dia, já não é tão fácil você entendê-la assim.

Acho que o empenho da aula de "traduzir" para o aluno tem a ver com o propósito do professor. Mas, no meu caso, isso reflete um desejo que tenho de tornar as coisas compreensíveis para mim. Porque sempre tive uma certa opacidade, sempre fui muito difícil de compreender as coisas. Tenho dificuldade – não é só com o texto, é com tudo. Sou meio opaco. Portanto, faço muito esforço para compreender. E quando julgo que aquilo ganhou certa inteligibilidade, apresento aquilo como resultado. Agora, o que me preocupa sempre é a relação que acontece entre essa tradução, essa interpretação, e o pensamento original. Isso sempre me preocupa, sempre vi com suspeita e, sempre que dou aula, coloco muitas reticências. Mas fui ganhando essa prática. Como você sabe, na filosofia, o texto é tudo. Então, desde o primeiro ano, o contato com o texto. Ler, reler, tentar entender, testar a sua interpretação, discutir e tal. A gente vai ganhando certa prática com isso. E eu tenho um pouco isso. Na verdade, o que me deixa mais contente, nesse caso, não é aula e texto, autor e autor. É o que me dizem quando conseguem compreender as teses. Mas, aí, isso vem da coisa do professor também, do treino do professor. Porque, na filosofia, nós tínhamos duas concepções de professor competindo. Uma é a do professor estar separado do aluno, e sua função é dar a melhor aula possível, independentemente do que isso vai refletir no aluno. A outra concepção é a de que você tem de falar e, ao mesmo tempo, você tem de tentar ouvir aquilo como se fosse o cara que está sentado lá. Quando você fala, coloca-se na posição do cara que está ouvindo. Será que ele está entendendo? Será que não preciso repetir, trocar em miúdos, falar de outro jeito? Sempre achei que essa é a aula. Porque, senão, não tem proveito. Uma aula magnífica, mas que não chega a ninguém, não tem nada. Então, é uma coisa complicada. Eu não desvalorizo esse distanciamento porque, às vezes, ele é da personalidade do professor. Não é uma coisa que ele faça assim, com soberba. Mas faço um esforço para me colocar no lugar do aluno. Quando vou ler uma tese, eu digo: "De onde esse cara está falando? Por que ele está dizendo isso? Por que ele escolheu isso aqui? O que ele quer com isso?" Acabo vendo por esse meio de identificação. Às vezes, até em detrimento da letra, da tese, da exposição teórica propriamente dita, do que está alinhavado ali, eu consigo entender a posição da pessoa. E isso eu acho importante. Quer dizer, você avaliar um trabalho também entendendo de onde o outro fala. Porque o que ele fala depende de onde ele fala, não é? Acho que essas duas coisas são inseparáveis. Procuro fazer isso para não manter esse distanciamento teórico, objetivo, que eu acho uma coisa complicada.

Se sempre fui muito severo na avaliação? Ah, não. Nossa, tenho uma reputação, no Departamento de Filosofia, que é uma coisa lamentável. Houve, uma vez, uma experiência de exame oral. O exame oral estava em desuso já há muito. Mas, para abreviar o tempo, recorri ao exame oral. Aí, o pessoal falou: "Não. Com ele, não dá para fazer." Comigo, eles queriam dizer. "Porque o camarada, em vez de responder perguntas, fala que a tia dele está no hospital. E pronto, já passou." Então, não é que eu seja liberal. Acho que você deve dar o máximo que você pode. Mas você não deve exigir, como resposta, nesse mesmo nível. Assim, aquilo que o aluno fez, e que faz justiça ao que você diz, embora o esforço dele não se equipare ao que você fez na aula, isso é suficiente. Isso merece uma boa nota. E, aí, tenho essa fama. Por exemplo, dou muito dez. Até os alunos questionam isso. Eu digo: "Gente, dez deveria ser o normal." O que significa dez? Fez o que tinha de fazer. Dez não é um mito. Todo mundo tinha de tirar dez. Fez o que deveria fazer? Tem dez. E, também, essa coisa de tentar compreender: o cara chegou até aqui; por que ele não foi mais adiante? Que circunstâncias estão aí? Vai fazer o quê? E você, com a prática, percebe quando tem um esforço, quando tem malandragem. Você vai captando isso, com a prática. Então, tudo isso, para mim, tem de interferir na nota. Não é só a pura objetividade. Agora, numa avaliação escrita, feita em casa, em computador conectado à internet, você tem instrumentos para identificar de onde o camarada, eventualmente, tirou aquilo que escreveu. Antes, não tinha. Era muito difícil chegar até a fonte. Agora, já é mais simples. Mas acho que isso se incorporou à cultura. E à cultura universitária, em muitos casos. Acho que é irreversível. Ou seja, está naturalizado que isso é válido. A validade disso. Tanto é que muitas pessoas não fazem por malandragem. Antigamente, era por malandragem. O cara fazia como quem está roubando. Hoje, não. Hoje, o cara acha. Portanto, isso está naturalizado. Já é cultura universitária. Na filosofia, nem tanto. Tanto é que, quando vêm alunos de fora com esse hábito e a gente questiona, o camarada fica assim: "Mas, de onde eu venho, é normal. A gente sempre faz. Isso é aceito." Pesquisou, achou o assunto, foi lá e tal. Eu comparo isso com a prática de meus filhos, quando eram pequenos. Tinha a *Enciclopédia Barsa*, a professora pedia alguma coisa. O que eles faziam? Iam direto na *Barsa*, no capítulo, copiavam aquilo e entregavam. E era o trabalho. Hoje em dia, não é a *Barsa*, você usa a internet. Mas é essa concepção: achar a coisa, reproduzir e entregar. Já é a pesquisa. Isso é a pesquisa.

ISABEL
LOUREIRO

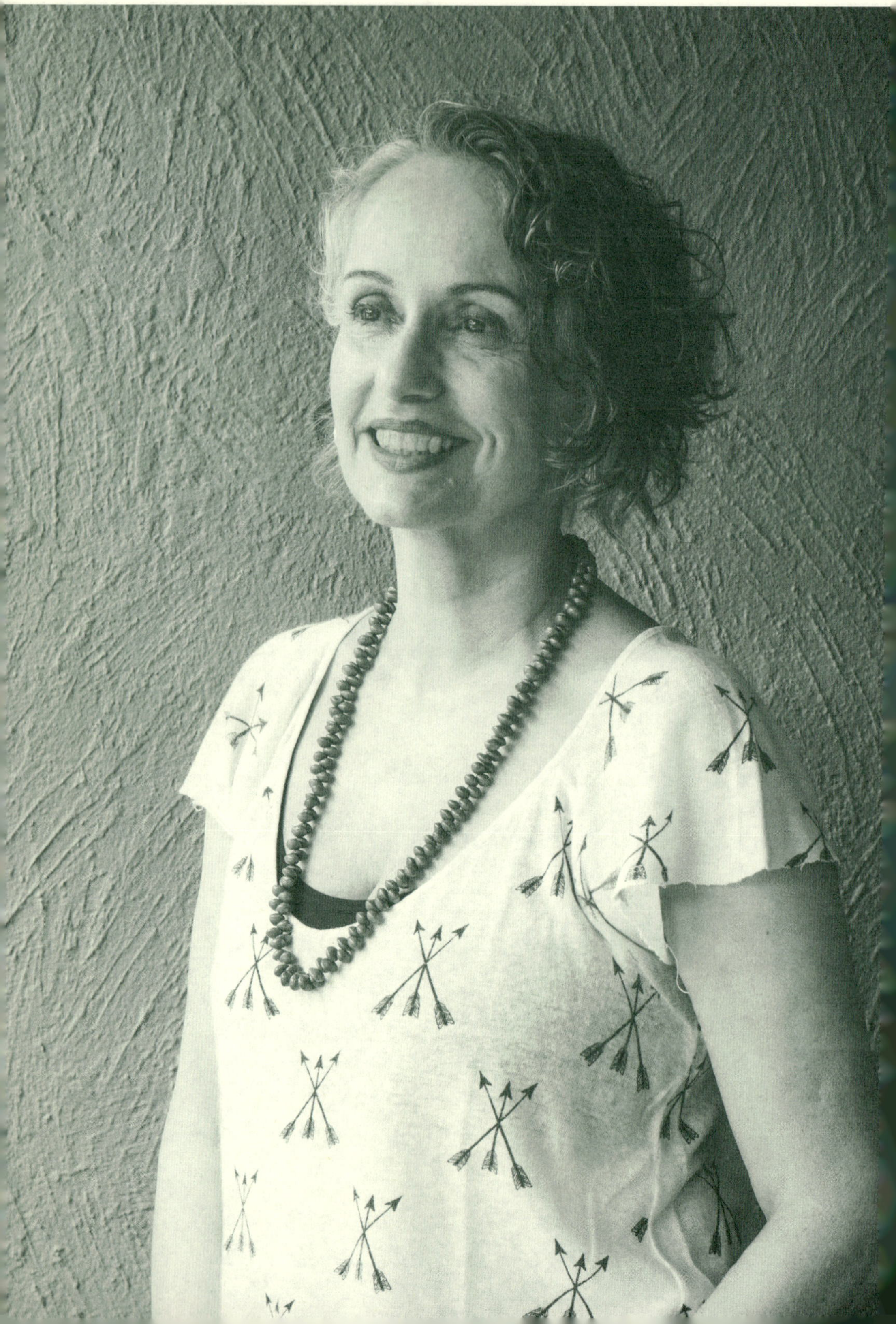

Se me lembro da minha primeira aula como professora universitária? Não. De jeito nenhum. Apagou. Lembro, vagamente, de como eu era quando comecei a dar aula na Unesp de Marília. Era jovem, tinha 28 anos, estava fazendo o mestrado com Marilena Chaui – naquela época, isso era possível, entrar no Departamento de Filosofia sem ter o mestrado. Fui aceita no departamento de Marília, depois de uma entrevista, e comecei a dar aula. Lembro-me da turma, dos seminaristas. Era uma época em que os alunos de Marília eram seminaristas; eu devia parecer uma figura muito esquisita para eles, pois tínhamos quase a mesma idade. Fisicamente, parecia até mais nova, porque era muito miudinha, tinha cara de criança. Fico imaginando que devia ser uma coisa muito estranha, aquela guria dando aula para eles. Mas, quanto à primeira aula, não lembro mesmo. Não posso responder nada, porque não foi importante para mim.

Se me lembro de alguma aula que tenha sido marcante para mim? Vi essa pergunta e tentei me lembrar. Como dei muitas aulas, é difícil lembrar de *uma* aula. Aulas marcantes, para mim, talvez uma coisa até meio narcisista de minha parte, eram aquelas em que, quando a aula acabava, sentia prazer naquilo que tinha feito. Que aquela era uma aula bem dada. E a resposta dos alunos também mostrava isso, eles ficavam superatentos, interessados no que estava sendo dito, à espera do desenlace final ou algo assim. Porque sempre fiz questão de que as aulas fossem bem organizadas, com começo, meio e fim. Então, acho que era um pouco isso. Quando sentia a satisfação da aula bem dada, sabia que ela tinha sido boa. Mas isso aconteceu muitas vezes. Não me lembro de uma em particular.

Se me lembro de algum aluno? Ah, sim, isso sim. De alunos. Mas, aí, tinha a ver com conversas depois da aula. O que eu fazia nos cursos, fora a preparação das aulas – sempre fui criteriosa com isso, todas as aulas eram preparadas; aliás, até hoje, mesmo quando conheço o assunto, gosto de preparar a aula para fazer uma exposição bem estruturada, coisa de gente da filosofia –, era uma avaliação no final do curso e, nesse momento, havia um retorno. Fazia uma entrevista com cada um dos alunos, para comentar os trabalhos que tinham feito, e aproveitava para saber como tinha sido o curso, quais os pontos positivos, o que eles achavam ruim etc. Lembro-me de dois alunos em particular. Um deles foi um aluno da filosofia que brigou muito comigo, muito, muito. Ele era péssimo, e eu ficava furiosa. Eu era muito chata, exigente. Hoje, acho que seria um pouco diferente, fiquei mais tolerante. Aí, dei uma nota muito baixa, nota três. Ele ficou furioso, botou cartazes na faculdade dizendo que queria nota zero. Então, expliquei: "Nota três: um pelo papel, dois pela tinta e três porque você fez." Era ele e mais outro. Mas, bastante tempo depois, ele já não era meu aluno, era professor e veio conversar comigo: "Sabe de uma coisa? Você era muito aflita. Você queria que a gente desse respostas imediatas, que nos saíssemos bem na avaliação, como se fosse uma coisa imediata. Mas você tem de esquecer isso. Você tem de lembrar que algo sempre fica. O professor deixa uma semente. Nem que não tenha uma resposta imediata na avaliação final, você tem algo que fica e, posteriormente, isso aparece." Então pensei: "Provavelmente, ele tem razão."

Uma outra aluna, uma japonesinha, me lembro do nome dela até hoje, se chamava Elisa, também das ciências sociais. Uma vez dei uma bronca na classe, disse que eles eram muito parados, não respondiam, não falavam nada. Parecia que não queriam saber de nada, de noite, cansados. E eu: "Vocês parecem umas pedras, não dizem nada!" Aí, na avaliação do final do ano, ela disse: "Lembra, quando você deu aquela bronca?" E ela era dessas que não falavam nada, era supertímida. "Não é porque não dizemos nada que não estamos aprendendo, que as coisas não estão entrando na nossa cabeça, que não nos importamos. Não é, de jeito nenhum. Aprendemos muito com o seu curso, embora ficássemos quietos." Aí, pensei: "Pode ser, não é?" Aprendi um pouco, essas coisas deixaram marcas em mim, esses depoimentos, sabe? Então, acho que alguma coisa o professor deixa. Mesmo quando não tem uma resposta logo em seguida, algo fica. Assim como ficou, para nós, de nossos professores.

Como lido com a apatia na sala de aula? Esse é um grande problema. Faz tempo que não dou aula na universidade. Eu me aposentei já faz dez anos. Então, ouço o que meus ex-alunos, agora professores, me dizem. Eu me ponho na pele deles e fico pensando, "meu Deus, acho que sofreria demais". Porque mudou muito, os alunos mudaram muito. Não quero nem dizer que sejam piores, não é isso. É outra geração, é outro tipo de gente. Mas, pensando naqueles meus alunos antigos, que eram apáticos – eram apáticos por quê? Porque os alunos da noite vinham cansados, era gente que trabalhava. Então, você tem de aprender a lidar com isso. E como eu fazia? Tentava despertar a atenção deles de alguma maneira. Você faz uma brincadeira, ou uma piada, uma coisa qualquer, uma gracinha para ver se eles se ligam. Com alunos assim, não se pode dar uma aula como nossos professores da USP faziam. Eu me lembro, por exemplo, do Carlos Alberto: uma vez fiz um curso dele, sobre fenomenologia. Ele tinha um texto escrito e lia o texto na aula, uma hora e meia, duas horas de leitura. E era excelente! Excelente! Mas aquilo é para um determinado tipo de aluno. Os nossos alunos atuais, nas universidades públicas – os que estudam em faculdade privada, pior ainda –, se você fizer um negócio desses, o aluno é capaz de pegar um revólver e matar você, não é? Não tem como. Então, você precisa de técnicas para despertar a atenção deles. É difícil, viu? Atualmente, o que faço, às vezes, é dar aula para movimentos sociais. É outro patamar. Por exemplo, tenho dado aula na Fundação Rosa Luxemburgo, e, aí, são cursos mais condensados, aulas mais curtas. O pessoal que vem é interessado, são militantes de fato interessados naquele assunto. Então, você não precisa ficar fazendo: "Oh! Oh! Plim-plim. Oi? Acorda!" Não precisa. Não sei o que faria hoje se tivesse de voltar a dar aula na universidade. Tenho a impressão de que os alunos não me respeitariam nem um pouco, pelo fato de ser muito mais velha. Eles têm uma linguagem que, provavelmente, eu teria dificuldade de acompanhar. É por isso que temos de sair da universidade; tem de ter gente mais jovem, são esses que vão passar o saber. Não adianta, os mais velhos não conseguem mais. Há uma diferença de geração muito grande, essa é minha impressão.

Se a aula é um momento importante de formação do estudante? É muito importante. Acho que esse é o ponto-chave das perguntas que vocês fizeram. Uma coisa que me deixa muito indignada, hoje, é a falta de importância que a aula tem no esquema geral da universidade, para avaliar os professores. O professor é avaliado pelos textos que publica, pelos artigos que publica, de preferência em revistas A-1 – de nível internacional, então, melhor ainda. E pela pesquisa. Ele é avaliado fundamentalmente pela pesquisa e, dependendo, pela publicação na revista "x" ou "y" – de preferência, em língua inglesa, inclusive. Agora, nas aulas, o sujeito pode fazer o que quiser. Ninguém está lá, olhando. Se você fizer uma porcaria, é claro que, aí, vai ter a reclamação dos alunos e, em alguma hora, alguém vai ficar sabendo. Mas não se dá a menor importância. Não pesa nada, a aula. É uma coisa que acho terrível. E, para dar uma boa aula, você precisa de muito tempo para a preparação. Você tem de aliar pesquisa e ensino. Uma boa aula não pode ser mera repetição. Tudo bem, acho que tem um lado da formação de um estudante de filosofia em que ele tem de aprender o básico, que qualquer professor pode dar. Mas essa não é a grande aula. A grande aula é aquela em que você pode aliar sua pesquisa com o trabalho de exposição que está fazendo. Uma boa aula é a que tem a bibliografia clássica, mas também a bibliografia atual, para ver como aquele tema tem sido desenvolvido recentemente, como está sendo a recepção daquele assunto. Portanto, é uma coisa que demanda muito tempo, a preparação da aula. Muitas vezes, as pessoas acham: "Ah, você é professor? Então, você vai lá, dá aula e tal." Quem não é professor não se toca que, para poder dar uma boa aula de três horas, você tem de ter trabalhado a semana inteira. Nem que você não exponha, naquelas três horas, tudo aquilo que leu.

Então, vejo dessa maneira, acho que a aula é uma coisa muito importante para a formação do aluno. Aprendi demais com meus professores da USP, com eles aprendi a dar aula. Sou supergrata a eles: Marilena Chaui, Maria Sylvia de Carvalho Franco, Paulo Eduardo Arantes. Esses três, com quem fiz vários cursos, foram as pessoas com quem aprendi. Cada um com seu estilo, alguns até com um estilo bem rebarbativo, como era o caso do Paulo Arantes, quando jovem. Mas você aprende, e aprende a pensar. Eu aprendi. No caso do Paulo, ele ia elaborando o pensamento na nossa frente. Aliás, é uma coisa que ele faz até hoje. Jovem, do jeito que eu era, tinha muita dificuldade. Mas o esforço que fiz para acompanhar aquele homem pensando na nossa frente fez com que eu crescesse intelectualmente. Isso ficou como um marco, uma lição de como é que se deve fazer. Não digo que eu faça do jeito que ele faz. Ele tem uma enorme erudição, uma memória incrível, coisas que eu não tenho. Mas sabe essa coisa de ter paciência? Às vezes, é um sofrimento você ficar ali tentando acompanhar o fio da meada. Mas a recompensa vem depois, porque você alarga seu horizonte, alarga seu espírito, vai atrás do prejuízo. E foi o que eu fiz, ir atrás do prejuízo, de bibliografia, de coisas que não sabia. Com isso, fui crescendo. E é o que gostaria que acontecesse com os meus alunos, de alguma maneira, entendeu? Que eles também aprimorassem o espírito com as aulas a que assistem – não exclusivamente as aulas que dou. Mas o meu objetivo, quando dou aula, é esse.

Como é o meu trabalho de preparação das aulas? É isso que eu disse. Como agora só dou aula, quando dou, para militantes dos movimentos sociais, é bem mais simples. Não ensino Hegel, é uma coisa mais restrita. Mas, na época em que dava aula, nos cursos sobre Hegel, por exemplo, usava toda a bibliografia que tinha à minha disposição, na medida do possível. Primeiro, tinha de entender aquilo de que ia falar. Tinha de me formar para poder formar os outros. Eu lia muito. Tinha uma bibliografia enorme, expunha essa bibliografia para os alunos e dizia: "A aula de hoje foi baseada nestes livros etc." E se dava aula sobre a Escola de Frankfurt, era a mesma coisa. Acompanhava a bibliografia antiga e a bibliografia contemporânea sobre o assunto. Na preparação da aula, era basicamente o que eu fazia. Tentava dar conta de um amplo leque de livros relativos àquele assunto que ia expor, uma exposição seguida de debates. Mas, muitas vezes, dependendo do assunto, dizia: "Vou expor uma coisa muito difícil. Se vocês tiverem dificuldade, por favor, podem me interromper e perguntar." Dependia um pouco das aulas. Mas, normalmente, o que gostava e gosto de fazer é expor primeiro, ter o fio da meada, para, depois, os alunos poderem fazer perguntas. Mas, às vezes, com alunos de primeiro ano, fazia coisas diferentes, mais "teatrais", vamos dizer assim. Com textos não filosóficos, mas que permitissem fazer uma reflexão sobre determinado assunto político, por exemplo. Me lembro de um curso muito bem-sucedido na filosofia, em que trabalhamos dois livros: *Admirável mundo novo* e *1984*, para discutir problemas políticos do mundo contemporâneo. Foi superbom, porque era uma linguagem literária que, para os alunos, é mais próxima. A partir daquilo, você pode, depois, ir para temas e textos filosóficos. Enfim, dependia muito do ano, da turma. Sou muito flexível nesse tipo de coisa. O que gosto, mesmo, é de que eles se interessem pelo assunto e fiquem atentos, que cresçam. Não adianta querer fazer algo superbem elaborado e, de repente, aquilo não vira nada. Isso, para mim, é horrível, não gosto. É por aí. Mas os anos me ensinaram, também.

O que é uma boa aula? Acho que é uma aula não burocrática – para começo de conversa. O que já disse antes: uma boa aula é aquela em que o professor pode aliar seu interesse de pesquisa à exposição. É isso que garante, no meu entender, a atualidade do curso. Mas a boa aula também não é uma rua de mão única. Ou seja, tem de haver troca com a classe, tem de haver debate. Isso estimula, inclusive, o professor. Aprendi muito com os meus alunos, muito. Porque eles fazem perguntas em que você jamais pensou. De repente, é preciso fazer uma ginástica cerebral para poder responder. E, quando não conseguia, eu dizia: "Olha, não sei. Vou pesquisar e, na semana que vem, trago a resposta." Também é preciso tempo para os alunos estudarem fora da sala de aula. Ou seja, uma boa aula não se esgota nela mesma, mas tem de estimular os alunos a pesquisar depois. Os alunos precisam de tempo para que possam, a partir dessas aulas, fazer um percurso próprio de pesquisa. A partir daquilo que ouvem, se apropriarem do que ouviram e seguirem o caminho deles. Uma boa aula é aquela que ajuda a sistematizar uma bibliografia, a sistematizar um tema. Basicamente, seria isso. Uma boa aula é aquela que abre horizontes, que estimula e dá vontade de ir adiante, de pesquisar mais. Em resumo, quando o professor dá uma boa aula, acho que ele deixa, em alguns dos alunos, as sementes que permitem que eles venham a caminhar com as próprias pernas. É isso.

Para mim, dar aula sempre significou também, um pouco, militância. Militância em que sentido? Não em termos de expor ideias de um determinado partido político, nada disso. Mas uma militância iluminista, no sentido de que o professor tem de dar instrumentos aos alunos para que eles pensem por conta própria, com sua própria cabeça, de maneira independente, para que sejam reflexivos, críticos, não aceitando as ideias recebidas nem as simplificações que são jogadas em cima de nós o tempo inteiro pela mídia. Uma boa aula de filosofia – estou pensando em termos de filosofia, que era a área em que atuava – tem de dar esse instrumental. Atualmente, quando digo que estou em uma militância iluminista, parece uma coisa meio ridícula. Como assim? Afinal de contas, o século XVIII está bem lá para trás. Mas estamos precisando disso de maneira desesperadora. Porque estamos vivendo em um mundo em que as pessoas acham que as posições são todas muito claras e definidas. Ou é preto, ou é branco.

Não tem meios-tons; são coisas fixas, posições muito rígidas, muito autoritárias, tanto de um lado quanto de outro. E, sobretudo para os jovens, é muito complicado. Porque, como eles são ignorantes pelo fato de serem jovens, eles se apegam, às vezes, a posições, e lutam uns contra os outros com uma violência tremenda – verbal, por enquanto, espero que continue só sendo verbal. Mas você tem de tentar desmontar isso.

Eu, se fosse professora hoje, se voltasse a dar aula e enfrentasse esse tipo de situação – que imagino que quem está dando aula enfrenta –, procuraria fazer como Sócrates. Sócrates é nosso patrono com muita razão. O professor tem de ir desmontando argumentos que, na maioria das vezes, são puro preconceito, ideias preconcebidas. Você tem de, por meio de perguntas bem-feitas, bem formuladas, fazer com que a pessoa chegue, por si mesma, a algo novo. Precisa levar a pessoa a refletir e a perceber que aquilo que acreditava ser verdade é uma coisa aparentemente verdadeira, não realmente verdadeira. Mas sei que, ao mesmo tempo, estou sendo muito ingênua ao dizer isso. Alguns alunos me disseram o seguinte: "Você está dizendo isso porque está pressupondo que aquela pessoa, na sua frente, com uma ideia preconcebida, vai permitir que você, por meio das suas perguntas, desmonte o ideário dela. Não. A pessoa fica fechada. Ela não quer ouvir. Ela não está disposta a mudar. Aí, como é que você se comporta?" Foram alunos que me perguntaram isso – muito jovens – em Marília, na última vez em que fui lá. Tinha a ver com as redes sociais e não sei o quê. Como é que você se comporta em relação a pessoas que fazem isso, eles perguntaram, e eu disse: "Puxa vida, não sei. Mas acho que uma coisa que não dá pra fazer é berrar, brigar, pegar um porrete e começar a bater na pessoa." Acho que nós, da filosofia, temos obrigação – a nossa luta é uma luta para desenvolver argumentos – de fazer com que as pessoas sejam racionais. Sei que também esse é um problema muito velho. Tem uma frase, do George Orwell, que é mais ou menos assim: "Em uma época em que tudo afundou tanto, repetir as coisas mais óbvias é o primeiro dever de um intelectual". Acho que chegamos nesse ponto. É preciso repetir as coisas mais óbvias, entende? Por isso digo que é uma militância iluminista, como se fôssemos Voltaire com seus argumentos contra a Igreja. É um pouco a mesma coisa. Mas, partir para a ignorância, a violência? Aí, talvez, a melhor coisa seja: se o outro for violento, você toma uma atitude tipo Gandhi, de não violência. Não retrucar na mesma moeda. Porque aí não dá, você se equipara, não pode! Sei que estou falando tudo isso porque não estou na sala de aula. Se estivesse na sala de aula, talvez já tivesse o cabelo todo branco, não sei. Por isso o interesse, quando me encontro com meus antigos alunos, que agora são professores: sempre pergunto, quero saber com detalhes como as coisas funcionam dentro da sala de aula. É um pouco para ter ideia, não é? Porque o máximo que sei dessa violência que ocorre dentro da sala de aula é quando os jovens, depois de um debate, vêm conversar e perguntam: "Ah, professora, e agora? Como é que a gente faz?" Acho que tive sorte de dar aula em um período talvez mais fácil... Numa universidade que não existe mais.

Seus alunos estão desmotivados? Alunos de quê? Biblioteconomia e arquivologia? É lamentável, porque são profissões importantes, que exigem uma grande cultura geral. Mas, mesmo que seja um curso sem nenhum prestígio, se você tem um professor disposto a lhe ensinar alguma coisa, é tão bom aprender coisas na vida! Meu Deus do céu! Por que umas pessoas adoram aprender e outras não? Sempre adorei aprender. Me lembro de que desde criança gostava de aprender. Nasci para ser professora, gostava da escola. Sabe aquele estilo cê-dê-efe? Gostava da escola, gostava de aprender, fazia lição nas férias... Mas era uma pessoa normal, não era só aquilo. Enfim, gostava de aprender – e gosto, até hoje. Tanto que fico com pena de morrer daqui a não sei quantos anos, porque gostaria de ter mais vidas para poder aprender mais e mais. Aprender é importante porque você entende melhor o mundo em que vive. Que tal botar isso na cabeça deles? Entender o mundo em que a gente vive é fundamental para poder mudá-lo! Ou vocês estão contentes com isso que está aí?

Eles dizem que sim? Que estão contentes? Mas, aí, você tem de ir cavoucando. Porque não é possível que as pessoas estejam absolutamente contentes com tudo. Não é possível. Às vezes, na vida privada delas tem algum nó. A não ser que a pessoa seja doente da cabeça. Porque sempre tem alguma coisa que não está funcionando. Você entende? Por mais tapados que sejam, alguma coisa deve incomodar. Tem algum calo, algum calcanhar de aquiles, alguma coisa. Agora, é difícil saber que caminho fazer para quebrar isso. É o caso dos meus alunos. Eu me lembro daquela turma. Gente, que terror era aquilo! Eram alunos das ciências sociais. Eu era do departamento de filosofia, mas eles me pediram para dar aula nas ciências sociais, porque os meus interesses eram mais ligados ao marxismo, Escola de Frankfurt, tinha tudo a ver com o pessoal das ciências sociais. Chegava lá com o maior entusiasmo, e aquela gente quase dormindo, pasmada, na minha frente. Foi quando tive aquele rompante – bati forte na mesa: "Vocês parecem umas pedras!" Aí, me olharam surpresos. Depois, fiquei morrendo de vergonha de ter tomado uma atitude dessas, é um horror fazer isso. Mas você perde a paciência, não é? Ou, então, você desiste, o que é horrível. Porque, daí, vira uma coisa burocrática. O professor é um burocrata, os alunos são outros burocratas. E não tem troca. Recomendo aquele filme que está passando: *O melhor professor da minha vida*. Trata-se de um professor – não sei se é uma história real – que dava aula no Liceu Henri IV, um famoso liceu de Paris, para a classe alta. O cara era superexigente, dava aula de latim. E criticava os alunos, tinha o maior desprezo por eles, dizia que eram idiotas que não sabiam nada, e assim por diante. Mas, por uma razão que não vem ao caso, ele vai dar aula numa escola da periferia de Paris. E, aí, reaprende tudo. Ele tem de mudar, não adianta ir lá com aquele discurso. É a mesma coisa que um professor da USP, com aquele nível de exigência... O Giannotti, no primeiro dia de aula, ia lá, botava na lousa a bibliografia em línguas estrangeiras. Além do quê, tinha de saber latim, grego, alemão etc. E, se não sabia, o problema era seu. Mudou muito, isso. Agora, pega um professor desses e bota em uma escola de periferia aqui de São Paulo, quero ver o que acontece. O filme é legal por isso – tudo bem, é meio óbvio; claro que o professor aprende, daí dá certo. Enfim, ele vai mudando seu método de dar aula. Fico me perguntando se não precisaria fazer do jeito que o professor do filme faz. Porque, daí, os alunos se empenham junto. Eles vão fazer pesquisa para apresentar os assuntos em que estão interessados. É como se fosse uma espécie de teatro. Uma coisa que tem muito a ver com o teatro. Os alunos, em vez de ficarem lá, pasmados, parados, têm de colaborar com a aula. Eles têm de dar uma parte da aula. Sabe, uma coisa assim? Não sei se não seria o caso de fazer isso, propor que eles se engajassem na própria aula, que apresentassem um tema, que fossem os professores. Não sei, estou aqui pensando alto. Talvez fosse um caminho para lidar com esses alunos, que são muito jovens, que vieram talvez de famílias desfavorecidas, que não tiveram uma educação literária em casa, não leram muito, às vezes são muito religiosos. Mas, justamente, por que as pessoas precisam de certezas? É porque algo não está bem com elas. Para precisar ter um Deus Pai, ao qual se agarram e que dá todas as garantias, é porque algo, aqui na Terra, não está muito bem, não é? Sabe, essa coisa de autonomia, pensar com a própria cabeça, você não depender de Deus para a sua vida? Eu não sei. Hoje, acho que seria bem difícil. Na Unesp de Marília, eu tinha os meus alunos seminaristas, não tocava no assunto de Deus, ficava quieta. Mas estudei com seminaristas na Pontifícia Universidade Católica do Paraná – comecei fazendo o curso de filosofia na Universidade Católica e, depois, fui para a Universidade Federal do Paraná. Os meus colegas eram seminaristas. Eu era ateia, de família ateia, de pai e mãe. Assim, sem ser batizada; meu pai proibia de ir à igreja. Era o oposto! Aquele português do Alentejo, aquela coisa ateia militante... Com os meus colegas seminaristas, alguns mais abertos, eu tinha um bom diálogo, a gente conversava bastante. Eles diziam: "Ah, você não é cristã da boca pra fora, porque o seu comportamento é cristão, sim!" Aquela coisa de querer ajudar as pessoas. Mas, não sei, fico pensando nisso que você disse. Primeiro, recomendo ver o filme, porque dá ideias de como engajar os alunos, fazer com que se sintam importantes. Não importa que o que eles apresentem não seja nada maravilhoso, do ponto de vista teórico. Você tem de, primeiro, cativá-los para fazerem alguma coisa. Talvez seja uma alternativa.

Se, mais do que um conteúdo, o professor ensina uma ética? Ensina, é claro! É por isso que não se pode ter esse distanciamento, aquela coisa de vocês lá, eu aqui, e vocês não sabem nada. Mesmo que eles não saibam nada, ou saibam pouco, alguma coisa sabem, e alguma coisa você pode aprender com eles. Mudei muito, dando aula para os movimentos sociais, para camponeses do MST: curso Rosa Luxemburgo para Camponeses. Rosa Luxemburgo, império alemão, século XIX e, depois, século XX. Você tem de mudar a maneira de expor, senão eles não entendem. Tem de ser um pouco como tirar o suco daquele pensamento. Às vezes, pode ser um empobrecimento, um barateamento do assunto. Dependendo do ponto de vista, pode ser. Mas o que me interessa é fazer com que as pessoas se interessem e reivindiquem para si aquele pensamento, o pensamento de Rosa Luxemburgo, que, para mim, é importante. Que eles se reconheçam no pensamento dela e achem que Rosa Luxemburgo é alguém que pode nos dar um norte político, algo assim.

Por exemplo, agora dei uma formação política no Paraguai, em Assunção, para mulheres camponesas indígenas, em espanhol. Com o meu espanhol meio precário. E elas falavam guarani. Elas entendem espanhol, mas, na hora de se comunicarem, falavam guarani, que era traduzido para o espanhol para a gente entender. E foi incrível, uma experiência extremamente comovente. Primeiro, fiz a minha apresentação e respondi a todas as questões que me colocaram. No segundo dia, teve uma espécie de síntese, um apanhado de como é que elas tinham recebido aquilo tudo. E foram dizendo que tinham entendido muito bem o que eu tinha apresentado. Uma delas – eram mulheres camponesas militantes, não eram donas de casa esperando o maridinho chegar, isso faz diferença –, uma delas falou: "Nós somos todas Rosa Luxemburgo." Na hora em que ela disse isso, foi muito emocionante. Porque você vê que é uma coisa vivida, não passa – ou passa muito pouco – pela teoria. Elas funcionam em grupos também. Liam em grupo textos curtos da Rosa Luxemburgo que eu tinha proposto e, depois, expunham o que tinham entendido, ou o que não tinham entendido. Aí, uma hora, perguntaram: "Que história é essa de mencheviques e bolcheviques?" Daí, alguém vai lá e explica o que são os mencheviques e o que são os bolcheviques. É uma coisa meio distante, aquele linguajar. Mas, dependendo da maneira como o trabalho é feito, você pega pelo afeto e consegue passar, às vezes, muito mais coisas do que se for só pela razão. Isso, eu aprendi com os movimentos sociais. Como são pessoas que não são tão escolarizadas, não fizeram universidade nem nada, primeiro você conquista pelo afeto. E, depois que você conquistou, consegue subir de patamar. Talvez uma maneira de trabalhar com alunos muito jovens seja um pouco por aí.

E, também, isso a que você se referiu, a ética. Acho que é isso, não ter distanciamento entre o aluno e o professor. Lembro-me do meu marido, que dava aula na Faculdade de Educação da USP – agora, está aposentado também. Ele dava uma aula em que havia diálogo com os alunos. Alguns, depois da aula, iam falar com ele: "Professor, você é o único que deixa a gente falar. Aqui, ninguém deixa a gente falar. Os professores são muito distantes de nós." Então, acho que isso, também, é um problema, professor que diz: "Eu sei, você não sabe; cala a boca." Mas talvez com essa nova geração não funcione, não sei lhe responder. Eu teria de dar aula para eles e ver. E chorar bastante, provavelmente. Porque talvez nada funcionasse. E, depois, dizer: "Está bem, vocês têm razão, o mundo é outro – acabou, não dá mais para dar aula." Eu não sei.

Se acho que a prática da aula pode transformar os estudantes? Imagino que sim, não é? Pensando nesse filme que mencionei, *O melhor professor da minha vida*... Modifica bastante a vida dos estudantes. Os estudantes eram bem agressivos. E ficavam com aquela cara de adolescente de saco cheio. Mas, à medida que o professor diz "agora, vocês vão fazer", eles se empenham e vão se interessando e mudando o comportamento. Aí eles entendem, também, o ponto de vista do professor. É uma troca. Você tem de se pôr no lugar do outro. Acho que, às vezes, nós, professores, temos dificuldade de nos pormos no lugar do aluno, não é? Eu tinha muita dificuldade, quando era mais nova, porque era muito mais dogmática. A juventude é dogmática. Mas, à medida que vamos levando porradas na vida, vamos ficando mais flexíveis, aprendendo mais com o outro. Trata-se de você se pôr no lugar do aluno e, quem sabe, esperar que o aluno se ponha no seu lugar. Mas, geralmente, eles só se põem no nosso lugar quando viram professores. Então, muitas vezes lembram-se daquilo que falávamos em sala de aula, ou do nosso jeito de dar aula.

Tenho ex-alunos que, hoje, são professores, e dizem: "Aprendi muito com você, com o seu jeito de dar aula." Logo, por tabela, eles aprenderam com o jeito de os meus professores darem aula, porque eu procurava fazer como eles faziam – naturalmente, com tintas pessoais. Mas acho que os alunos podem se transformar, sim. Os alunos de boa vontade. Tem uns que não adianta. Tem gente que não adianta, e ponto. Tem gente que não deveria nem ter nascido – tudo bem, você pode chegar a essa conclusão. Não dá para a gente ser liberal – isso também é uma coisa que o Marcos, meu marido, sempre diz: "Bel, você é muito liberal. Você acha que todo mundo é bonzinho." Liberal nesse sentido, de que todo mundo é transformável, é bom, e que basta querer que você consegue. Não. Tem gente que não adianta, esquece! Mas acho que é coisa de professor. Se você não pensar que o outro é transformável, que pode se tornar uma pessoa melhor do que é – claro, transformável nesse sentido, ser melhor, não pior –, fica meio sem sentido a nossa profissão. Porque é muito sacrifício: ganha mal, os alunos são horríveis, violentos, não querem saber de nada. Então, você tem de acreditar, sei lá, em uma utopia, quem sabe? Acho que preciso voltar a dar aula, para responder a essas questões de maneira mais realista.

Acho que vocês perguntaram tudo. Ah, sim, uma coisa que eu fazia, também, em sala de aula – lembrei agora –, e que era bem legal, é que os alunos não sabiam escrever, tinham muito problema com a escrita. Sou muito chata com isso, porque gosto de escrever e, para mim, é muito importante. Então, o que eu fazia? Aquelas provas horríveis... Era um desespero. Aí, resolvi ensinar a escrever, ensinar a ler e interpretar um texto, coisa que eles também não sabiam. Usei, para isso, um pequeno texto do professor José Carlos Bruni, que foi professor no curso de ciências sociais da USP e, depois de aposentado, foi meu colega no Departamento de Filosofia de Marília. Ele ensina aquela coisa básica de dividir o texto em partes – ideias principais, ideias secundárias. No começo, eu estava com vergonha de fazer aquilo – afinal, era um curso universitário. Mas os alunos das ciências sociais me agradeceram demais, e disseram que nunca ninguém tinha feito isso com eles. Acharam muito útil aprender a ler um texto. E a escrever. Eu corrigia as provas e dava um retorno em sala de aula, mostrando os erros que tinham feito, sem dizer de quem eram os erros, mas dava uma aulinha de português. E eles melhoravam. Eles diziam: "Professora, você é a única que faz isso. Os professores, aqui, nenhum se preocupa com o jeito como a gente escreve." Como assim? Você tem um conteúdo, mas está escrito de tal jeito que não dá para entender o que você quer dizer, meu Deus do céu! Não pode, não é? Eu perdia tempo com isso. Mas não era perda de tempo. Acabava sendo um ganho. Era uma coisa superescolar, mas que tinha bons resultados. Os alunos, de fato, não sabem escrever. É um problema da nossa escola horrível, da péssima formação. Mas eu podia fazer isso – e corrigir prova por prova – porque tinha classes com sessenta alunos. Umas com sessenta, outras com trinta, não era uma coisa maluca. Mas, hoje em dia, as pessoas têm classes com cem alunos, 150, você entende? É um negócio totalmente massificado. E como é que faz para você corrigir no detalhe, prova por prova, ou trabalho por trabalho? A pessoa não faz mais nada na vida, não é? Então, eu sei, a universidade virou uma coisa horrorosa: um colegião, na realidade.

Se muitos alunos querem apenas obter um passaporte para o mercado de trabalho? Sim. Não têm interesse no conhecimento. Porque, nas humanidades, os salários são baixos. Aí, a pessoa, se não tiver nem interesse pelo conhecimento, por que ela está ali? Uma coisa que precisa ter, com os governos do PT acabou tendo mais, são as escolas técnicas. Achava que muitos dos meus alunos que cursavam ciências sociais estavam lá porque era o que tinha. Na realidade, não era o interesse deles. Eles queriam ter uma profissão que lhes permitisse, depois, sei lá, ganhar um salário. Estavam lá de alegres, não faziam parte do ambiente universitário. A universidade tem de ser uma coisa para quem tem espírito mais acadêmico, que quer pesquisar, que quer aprofundar o conhecimento. Com isso, o nosso sofrimento já diminuiria bastante. Porque iriam as pessoas interessadas no saber, não é? Mas, dado que a situação é essa, de ter essas pessoas que não estão a fim de nada... Tinha professores que faziam assim: "Quem não está interessado na aula pode sair, que eu dou presença e dou nota. Os que têm interesse, ficam." Eu não tenho coragem de fazer isso, dizer que quem não está interessado pode sair. Se ele fica um pouquinho na aula, se você exige, pelo menos alguma coisa deve entrar. Agora, se ele não aparecer nunca, fica complicado. E não tem nada de errado ter interesse numa profissão, fazer curso técnico. Sabe, essa história de que a pessoa tem um diploma na parede porque fez um curso de ciências sociais, mas trabalha como comerciário... Lembro-me de alguns alunos meus, em Marília, que eram assim. Alguma coisa está errada. Mas, além disso, outras coisas estão erradas. As pessoas que fazem a bendita pós-graduação, mestrados e doutorados. Está cheio de gente com doutorado e que não tem emprego. Então, também virou uma indústria, não é? Justamente porque o curso de graduação já não é mais o que era, então você precisa ir afunilando para o doutorado. Mas, aí, dá uma frustração muito grande: a pessoa faz o doutorado, é um esforço, emprega muito tempo – e também não arruma emprego. Estou pensando na vida acadêmica, porque é o que conheço. Não sei se o sujeito faz um doutorado em filosofia e vai procurar emprego em uma empresa de engenharia. Acho que não, não é? Ou num banco, alguma coisa assim. Uma gerente minha, do Santander – ela ficou pouco tempo –, mocinha, tinha feito filosofia na USP. Então, é até possível. Acho que estamos em um período bem difícil, mesmo. E para onde vamos, não sei, ninguém sabe. Só sei que não dá para continuar assim eternamente. Mas dá para piorar... Se há um certo anti-intelectualismo, que parece protofascista? Totalmente. Por isso falei em militância iluminista, é justamente uma contraposição a isso. Que é a função do professor, não é?

É duro, gente. Lamento não poder animá-los a respeito.

Vocês me acharam animada? Vocês sabem por quê? Acho que tem a ver com dar aula para os movimentos sociais – isso é muito legal, você se sente útil. Sabe, fazer alguma coisa que é importante para eles?

ARTE
DA AULA

JOÃO ADOLFO HANSEN

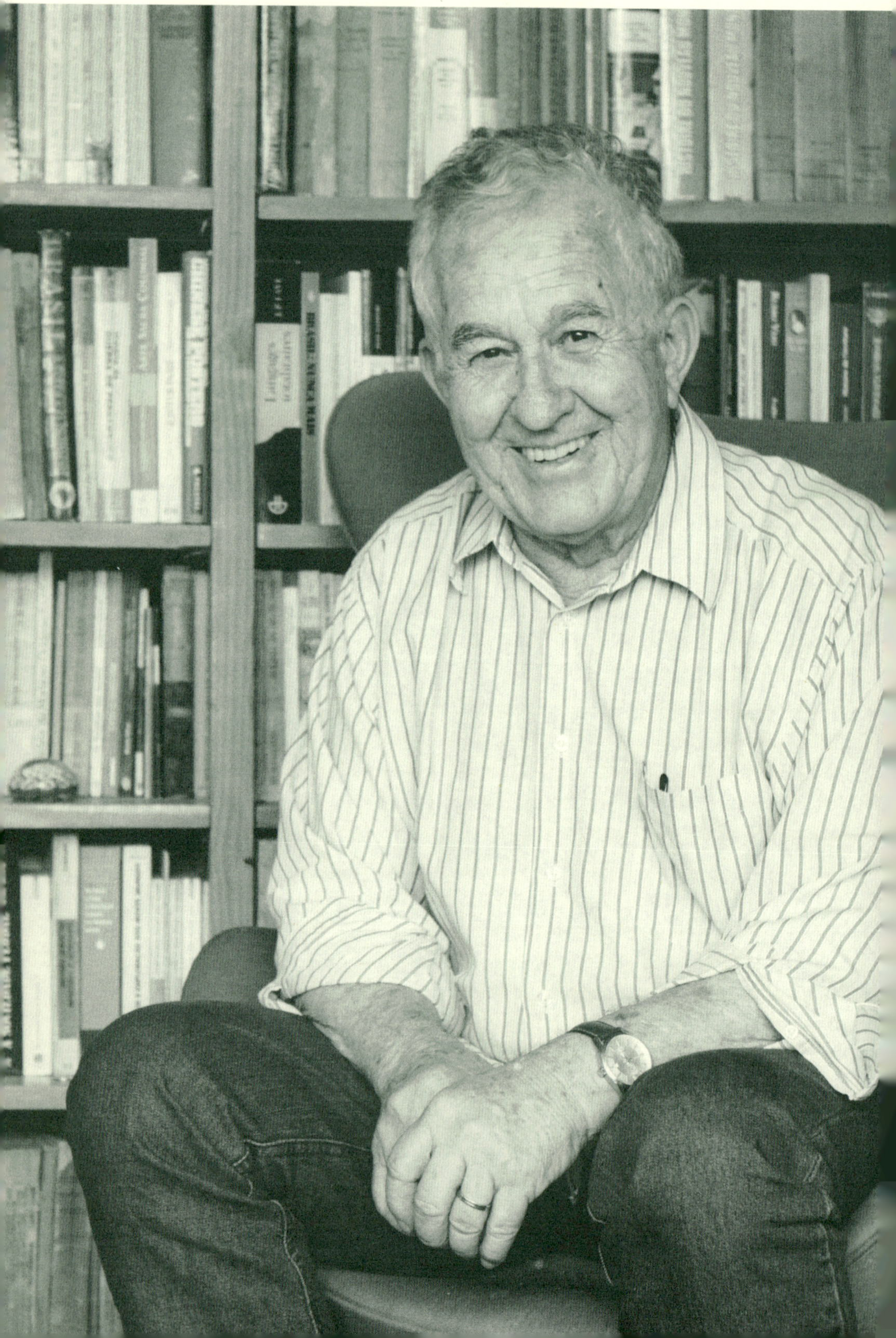

Desde moço, sempre me interessou a materialidade das práticas; por isso, aqui, vou descartar as generalidades idealistas a respeito da "boa aula" dos livros de didática e pedagogia. Acho difícil especificar o que vem a ser uma boa aula; caso essa especificação seja possível, acho inviável generalizar os procedimentos aplicados em uma delas como válidos para todas. Como professor, desde cedo aprendi que a aula não é a mera exposição de um assunto por meio de uma técnica mais ou menos precisa, mas uma experiência intersubjetiva singular que é extremamente contingente, quero dizer, experiência dinâmica sempre caracterizada por um equilíbrio muito precário, sujeito a imprevistos, tendo, por isso mesmo, de incorporar e transformar o que ocorre no momento em que ocorre para ser eficaz. No caso, o termo "arte" nomeia a técnica ou as técnicas usadas para obter essa eficácia. Ora, qualquer técnica pressupõe a memória de experiências, quero dizer, a técnica é um artifício conscientemente repetido que, sendo um fazer e um saber fazer, depois de algum tempo pode se transformar num automatismo inconsciente. No caso da aula, técnicas conscientes ou inconscientes modelam e modulam muitas coisas, como os corpos do professor e dos alunos, o conhecimento que o professor tem de um assunto, a abrangência, a exaustividade, a extensão do que fala – e, também, coisas circunstanciais, como anedotas, brincadeiras e, para mim sempre fundamental, autoironia. E os jeitos de utilizar livros, artigos, ensaios, imagens, cópias, projetores, computadores, lousas, falas de alunos, acontecimentos imprevistos etc. Todas as técnicas se subordinam ao controle do tempo da aula, que, em geral, acontece como desenvolvimento de um tópico de um programa de estudos incluído num curso. Por exemplo, os procedimentos e técnicas implicados num curso de pós-graduação que dei, aqui no Brasil, e repeti na Califórnia, em "Stanford, Práticas de Representação Luso-Brasileiras dos Séculos XVI, XVII e XVIII", implicavam que eu tratasse das letras coloniais discutindo sua forma, ou seja, seus preceitos retórico-poéticos, seus gêneros etc. e, também, os processos de comunicação orais e escritos, e as referências culturais transformadas neles, e o valor artístico deles, e os muitos sistemas de representação com que as letras coloniais faziam contato, entre outros. A mesma coisa era muito diferente para alunos brasileiros e alunos norte-americanos. Em Stanford, um deles me perguntou se era verdade que os índios tupis comiam carne humana no século XVI. Disse que sim – e citei testemunhos e algumas teorias antropológicas sobre essa prática. Mas o aluno não estava interessado nelas. Me peguntou: "But how?" E eu: "With the teeth." Ele disse: "OK!" E o empirismo dele se deu por satisfeito. E os procedimentos, técnicas e pressupostos teóricos, historiográficos e críticos de um curso de graduação, no período noturno, da disciplina Literatura Brasileira, na USP, Modernismo: 1930-1945, em que tratei de Drummond, Murilo Mendes, João Cabral, Graciliano Ramos, Guimarães Rosa, Clarice Lispector; pressupunha, por exemplo, o estudo da crítica de cada um desses autores, para evidenciar os critérios técnicos, retórico-poéticos e político-estéticos da presença deles no cânone.

Assim, o que vem a ser a técnica usada como arte da aula, entendendo-se por técnica um saber fazer? Na maior parte das vezes, ela é como a técnica do equilibrista que anda na corda bamba estendida no espaço. Como ele se equilibra? O que ele faz para se equilibrar pode ser dito? O fazer é um dizer? Quase nunca é. Acredito que professores, depois de algum tempo, dão aulas sem saber muito bem como e por que conseguem se equilibrar no arame das experiências das suas aulas. Muitíssimas não dão certo – e imediatamente se percebe quando isso acontece, na cara e no corpo dos alunos. Certamente, o *como* é o fundamental da coisa, mas, na maior parte do tempo, os professores estão preocupados com *o quê*, o programa ou programas que têm de cumprir. Uma vez, uma aluna me perguntou: "Vai dar tempo pra ver tudo?" Perguntei a ela o que entendia por "tudo" num curso de literatura brasileira e, brincando, citei o poema em que Drummond declara estar atrasadíssimo nos gregos e não ter lido os *Anais de Assurbanipal*.

Evidentemente, sem a participação dos alunos, nada, absolutamente nada funciona. Pelo menos um deles deve aproveitar alguma coisa e lhe dar algum sentido para a aula funcionar. Os alunos são seres inteligentíssimos. Mesmo quando não são, devem ser tratados como se fossem. Honestidade, amizade e humor. Sempre fui por aí com os alunos. E eles sempre me responderam nos mesmos termos. Professores arrogantes, cheios do vazio de si mesmos, desprezam os alunos como gente inferior e são apenas idiotas fátuos. Sempre entrei em cada aula que dei pensando nisso e sabendo que os alunos eram sempre muito diversos e diferentes e que, para a coisa ser eficaz, pelo menos um deles, aquele que ainda não tinha dormido, devia ser atingido pela minha prática de professor, sendo transformado por ela enquanto transformava o que ouvia em algo que lhe interessava. Nunca soube dizer exatamente o que era o que interessava. Numa sala com muitos alunos, não se tem praticamente nenhum controle sobre isso. Nesse sentido, lembro uma fala de Gilles Deleuze sobre a aula. Ele dizia que a aula é uma matéria em movimento.

Uma matéria, eu diria, dupla: antes de tudo, a matéria dos corpos do professor e dos alunos e, ao mesmo tempo, a matéria do objeto, o assunto, o tema, esticada ou desenrolada entre eles numa exposição que avança em várias direções simultâneas, às vezes interrompida numa exemplificação, cortada numa particularização, fechada numa dedução ou aberta numa conclusão, no silêncio da suspensão do juízo e do sentido etc. E todas as direções atravessadas pelo riso, sempre, e por muitíssima autoironia e, mais que tudo, pelo humor de saber que outras coisas seriam possíveis. Todas as matérias sempre em movimento, ou seja, corpos indo daqui até lá, não sei aonde, exatamente, conduzindo em várias direções uma matéria intelectual, um texto literário ou crítico, teórico ou historiográfico, que se transforma numa questão ou em questões, não se sabe bem até quando, depois que se começa a aula, durante sessenta ou cinquenta minutos. A aula é, assim, um tecido de relações intersubjetivas, como uma teia de aranha de mil fios e, também, como uma música, como dizia Deleuze. O difícil é fazer com que as matérias todas que compõem os fios ou as notas coincidam numa trama ou partitura consistente e coerente. E, também, que às vezes entrem em atrito, produzindo faíscas, ruídos, desafinações, dúvidas, iluminação nas cabeças dos alunos. Quando dava aula, também gostava de desafinar, quero dizer, de produzir uma trinca, uma brecha, um buraco no que dizia e, então, me jogava dentro dele, pedindo aos alunos hipóteses do que fazer para sair dali e me salvar da aporia etc. Tudo divertido, certamente.

Assim, acredito que não é possível falar de "a arte da aula" como tema unitário, porque, para mim, a elaboração prática das aulas nunca pressupôs totalidade ou totalização. Acredito, sim, que o pensamento sobre a aula deve ser material como ela; quero dizer, deve operar num espaço inventado como lugar de trocas simbólicas em que se passa de um ponto para outro, "entre", para um mais além não identificável, que é menos um objeto substancial que um efeito do estatuto simbólico da linguagem. Quero dizer, no movimento das matérias principais da aula, a matéria dos corpos e a matéria dos temas, a matéria técnica aplicada como "arte da aula" não as interpreta por meio de verdades profundas, dogmaticamente primeiras, essenciais, fundamentais, apodíticas – o professor não é padre nem pastor –, mas como desenvolvimento das possibilidades de sua produção simbólica. Como diz o Riobaldo, mestre não é o que ensina, mas o que aprende.

Antes de tudo, a fala do professor não é fala plena e não pode ser fala plena, porque se altera com o saber que enuncia, modificando seu lugar e o lugar do aluno que ouve. Uma boa aula acontece quando, em vez de propor significados ou coisas que os alunos devem memorizar ou fazer e repetir, o professor lhes apresenta hipóteses sobre *como* podem fazê-lo, se quiserem, estabelecendo relações dos significantes de uma ação ou de um objeto datados com a ordem simbólica da cultura. Um autor que me é caro, Michel de Certeau, tem esse pensamento material. Ele propõe que o *como*, ou o *modo*, é por definição particular e funciona como regra áurea da ação. Por exemplo, quando afirma, emblematicamente, que trabalhamos num quadro oceânico, lutando com a insuperável diversidade das formas das relações e descobrindo ou as regras ou os acontecimentos aleatórios que, a todo momento, restauram a estranheza das mesmas relações. Ele afirma que uma sociedade é resultado da resposta que cada um de nós dá à pergunta sobre sua relação com uma verdade e sobre sua relação com os outros. Ora, uma verdade sem sociedade é engano. E uma sociedade sem verdade é tirania.

Na universidade neoliberal governada pela política de políticos e reitores rastaqueras da direita tucana e peemedebista, empregadinhos do grande capital financeiro, vive-se mais e mais a fragmentação massificada dos saberes que, muitas vezes, tratam de verdades sem sociedade, enquanto o pensamento crítico recua e quase desiste, subordinando-se ao capital, que impõe a todos a sociedade sem verdade. Ora, não seria preciso dizer, as aulas acontecem em lugares institucionais. Um lugar institucional é um conjunto de determinações materiais, ou óbvias ou implícitas, disciplinares, burocráticas, políticas, econômicas etc. muito variadas, que, no caso da universidade, especificam a organização do tempo dos cursos, das disciplinas, das aulas, das provas e exames, entre outros. E, também, a ordenação de corpos docentes e discentes e modos de falar e limites contraditórios dos objetos. Objetivamente, a aula é a parcialidade de uma prática simbólica determinada pela divisão do trabalho intelectual que implica – como se sabe com Marx e outros – a divisão das condições de trabalho, dos lugares institucionais, das questões teóricas, dos materiais, dos instrumentos, do tempo e, por consequência, a fragmentação objetiva dos corpos envolvidos, que é sempre ampliada pela impossibilidade objetiva que o professor tem de dar conta da monstruosa complexidade das questões envolvidas em sua prática.

Essa determinação básica sempre me pareceu evidente e, para mim, sempre foi o *a priori* de qualquer aula, e deve ser o de qualquer fala sobre a arte da aula. Assim, sei que minha fala é particular e parcial como qualquer outra. É a fala de um professor de literatura aposentado de uma universidade que, parece, é ou já foi a principal universidade pública do país. Hoje, ela sofre a predação e a destruição dos processos neoliberais que definem a cultura como mercadoria subordinada às alegrias espetaculares do *marketing*. Num país da mais absoluta exploração capitalista como o Brasil, a cultura letrada estudada na universidade continua escolhendo os que a escolhem. Como diziam Bourdieu e Passeron, o saber dessa cultura é distintivo de classe e elemento ativo de reprodução social da exploração. Em todas as minhas aulas, sempre lembrei e critiquei essas determinações. Ora, aqui a justiça é bastarda e vendida, e a gente pode muito pouco contra a arbitrariedade do poder de classe do dinheiro. Como professor, sempre mostrei a presença de mecanismos sociais de seleção, repressão e exclusão na origem da minha disciplina e dos objetos sobre os quais dava aula. Sempre tentei evidenciar para os alunos que qualquer ação discursiva e não discursiva remete para operações simbólicas incluídas em práticas de um corpo-texto, um corpo contraditório, tatuado pela sua cultura. É impossível esgotar as modalidades da atuação desse corpo sempre contingente, sujeito e objeto de uma história confusa em que o nome do pai, o trabalho, o dinheiro, a linguagem, a política, o sexo e a morte definem relações sociais de força, sendo, simultaneamente, definidos por elas. Nas aulas, quando estudava os textos literários, tratava dessas modalidades, pressupondo que a minha fala e a audição dos alunos estavam mediadas por práticas contraditórias. Assim, sempre se tratou, enquanto fui professor, de uma relação mediada por muitas incertezas teóricas e práticas. Eu dava as aulas posto entre o que ignorava completamente e o que sabia mal, como dizia Deleuze. Nas aulas, as matérias discutidas convergiam para questões fundamentais, como "quem somos?", "de onde falamos?", "para quem?".

Lembrança da minha primeira aula como professor? Antes de ser professor na universidade, fui professor secundário de latim e português. Falo rapidamente disso. Das aulas de latim me lembro um pouco. Foram no antigo curso clássico do Instituto de Educação Presidente Kennedy, em Americana, cidade industrial no interior de São Paulo. Minha família morava lá, e cresci lá. Como foi? A minha professora de latim do curso ginasial se aposentou, e não havia ninguém para substituí-la. Eu tinha acabado de me formar em letras anglo-germânicas e não tinha emprego. Fui ao Instituto de Educação Presidente Kennedy e me ofereci como professor de latim. Era muito moço, tinha 21 ou 22 anos, a diretora achava que eu era comunista e subversivo, mas me deu as aulas do curso clássico – diurno e noturno. Em 1964, vim várias vezes a São Paulo para ir à Livraria Francesa e à Parthenon, na rua Barão de Itapetininga, onde comprava livros e mais livros de autores gregos e latinos da Garnier, da Belles Lettres, e estudos e trabalhos técnicos sobre a língua latina, como os de Ernout--Meillet, *Syntaxe historique du latin* e *Morphologie historique du latin*; o de Marouzeau, sobre a estilística do latim; a grande obra de Georges Dumézil sobre a trifuncionalidade das sociedades indo-europeias e textos de historiadores antigos e modernos sobre Roma, Tito Lívio, Suetônio, Tácito etc. Em Americana, fui professor de latim no curso diurno e noturno do clássico de 1964 a 1967. As turmas eram pequenas, e logo percebi que não era possível ensinar uma língua morta sem que os alunos tivessem algum conhecimento da história de Roma e da cultura greco-latina. Não tinham praticamente nenhum, e inventei um curso em que eu e eles, principalmente os do diurno, que tinham tempo, líamos coisas que iam muito além do programa oficial. Nas aulas, eu expunha os assuntos de textos que propunha para eles sobre

Roma no tempo dos sete reis, no tempo da República e no tempo do Império. Os alunos não tinham capacidade para ler diretamente em latim, e a maioria deles só lia em português. Eu fazia traduções de textos escritos em inglês, francês, italiano, espanhol e alemão sobre a cultura greco-latina. Era um curso em que, desde o primeiro até o terceiro ano, eu expunha as estruturas de uma língua morta que, em aula, tinha a materialidade de uma prática viva e divertida. Assim, traduzindo textos – por exemplo, de Fedro, Virgílio, Ovídio, Catulo, Cícero, Sêneca –, eu inventava com eles alguns exercícios que funcionavam como um jogo. Eles tinham lido os textos desses autores e de outros; nos exercícios que lhes propunha, tinham de escrever em latim um novo texto com muitíssimas alterações sintáticas, em que as estruturas linguísticas que eu tinha trabalhado expositivamente e por meio de exercícios apareciam com muitas variações das funções, em que, por exemplo, os casos das declinações de nomes, adjetivos, pronomes e os modos, os tempos, as vozes verbais e a consecução temporal se alteravam. Assim, quando os alunos passavam os novos textos para o latim, era divertido e vivo. Aprendiam mais e mais vocabulário e, ao mesmo tempo, passavam a ter uma visão estrutural da língua. Na universidade, eu tinha estudado linguística, principalmente a fonologia de Troubetskoy e Jakobson e as teorias francesas derivadas de Saussure. O que tinha aprendido me permitia ensinar a língua estruturalmente. Lembro que os alunos também liam textos de ficção, que eu lhes propunha e que discutíamos em classe. Por exemplo, peças de trágicos gregos. Até hoje me lembro de alguns alunos ótimos que tive e que, depois, viraram antropólogos, professores de grego e de latim na universidade.

Em 1966, fiz um concurso para ser professor secundário efetivo de português na rede pública. Queria trabalhar em São Paulo para fazer pós-graduação em linguística na USP. Passei em primeiro lugar no concurso, mas, ao escolher uma cadeira, como se dizia, fui reclassificado com os professores efetivos antigos e fiquei no rabo da fila. Não havia vagas em São Paulo e, em 1968, fui dar aula em Pindamonhangaba, que era o mais perto de São Paulo. Fiquei lá seis meses. No fim de 1968, voltei para São Paulo e fui dar aula em periferias e em cursinhos preparatórios para os vestibulares. Na ditadura militar, havia agentes da polícia disfarçados de alunos nas aulas. A situação era humilhante. Um desses cães de guarda se identificou, num colégio de Santo André, me advertindo de que eu falava coisas perigosas nas aulas. Disse para eu ficar tranquilo, pois nada faria. Estava agradecido por ter aprendido português comigo.

Antes de começar a trabalhar na USP, em 1983, dei aulas como professor universitário em uma faculdade particular pertencente à Companhia de Jesus, a Faculdade Nossa Senhora Medianeira. Os jesuítas executavam, no Colégio São Luís, o programa de fornecer conhecimento de economia e administração para meninos e moços da classe média alta e da burguesia. À noite, tentavam catequisar alunos que vinham da periferia de São Paulo em cursos de letras, sociologia e pedagogia. Esses alunos eram péssimos, tinham tido a educação primária e secundária das escolas públicas do estado de São Paulo do tempo da ditadura militar. Essas escolas, como acontece hoje com o desgoverno da direita tucana, eram programaticamente abandonadas pelas políticas públicas. Os alunos não tinham nada, eram extremamente incultos, mal sabiam ler e escrever. Na faculdade, tinham de ler textos de teoria literária, de linguística, de literatura, de sociologia, de filosofia, de pedagogia etc. Para eles, era uma experiência dificílima. Lembro que li com eles, em classe, aulas e aulas a fio, um texto sobre Dante, "Farinata e Cavalcante", do *Mimesis* de Erich Auerbach. E outro, de Walter Benjamin, "Paris, capital do século XIX", e poemas de Charles Baudelaire. Era dificílimo. Uma colega e amiga, socióloga, queria ensinar para eles o fetichismo da mercadoria. Ela ficou seis meses discutindo o texto de poucas páginas de Karl Marx. Ela dizia: "Não abandono esse texto enquanto eles não o entenderem." Parece que alguns entenderam. Então, ela continuou com outros. Era assim, uma coisa muito difícil. Falo isso sem nenhum preconceito em relação àqueles estudantes, porque eram pessoas ótimas, com uma disposição extraordinária para aprender. A minha e a de meus colegas eram operações de desasnar, literalmente, porque eles chegavam muito crus, muitíssimo mal informados. Politicamente, tinham o conservadorismo lúmpen do conformismo e, de repente, começavam a perceber que o conhecimento podia transformá-los, que não era só um ornato, como costuma ser para alunos burgueses.

Isso foi por volta de 1977 a 1981. Em 1982, fiz um concurso no Departamento de Literatura Brasileira da USP. Passei e, em 1983, comecei a trabalhar lá, como professor de literatura brasileira. Em 2012, quando fiz 70 anos, fui obrigado a me aposentar pela compulsória. Tinha 45 anos de trabalho quando me aposentei. Na USP mesmo, poderia ter me aposentado bem antes. Mas continuei por mais uns dez anos.

Se mudou muito o aluno, desde quando comecei a dar aula na USP? Sim. A USP virou uma universidade de massa. Por exemplo, oitocentos alunos entram a cada ano nas letras. Quando era professor, a maior parte deles não tinha interesse nas literaturas. Entravam em cursos de letras para aprender inglês ou alemão e conseguir emprego como tradutores e intérpretes em uma multinacional qualquer. A literatura, no caso, era perfumaria, coisa que não lhes interessava. Quero dizer, a maior parte preferiria estudar só as línguas, sem a cultura das línguas, uma coisa instrumental, pequeno-burguesa.

Na USP me aconteceu algo raríssimo: a conversão de um homem pela poesia de um curso que dei. Era um curso sobre Drummond, acho que no final dos anos 1990. Havia um homem, acho que tinha entre 30 e 40 anos, que sempre chegava atrasado. A aula começava às 19h15 e ele chegava às 19h35. Mas chegava, sempre. E chegava com sapatos de cromo alemão, um terno caro, gravata italiana, pasta de couro fino. E sentava lá e assistia à minha aula. Aquele curso era um semestre inteiro sobre Drummond: todos os livros de poesia dele, de *Alguma poesia* até *Lição de coisas*. Comecei a ler *Alguma poesia* para terminar lá, em *Lição de coisas* – lendo, lendo, lendo a poesia e a crítica brasileira sobre ela. Chegou perto do fim do curso, aquele homem me procurou, disse que a leitura de Drummond vinha evidenciando para ele que sua vida era uma total falsidade. Aí, me contou que trabalhava em uma multinacional, que tinha um salário alto, o carro do ano. Era casado, tinha um filho pequeno, morava num apartamento grande na região da avenida Paulista. Mas Drummond tinha mexido com ele de tal modo que estava em crise. Estava dizendo para a mulher que a vida dele era falsa. E que precisava mudar de vida. Ia pedir demissão e ser professor na periferia. O curso de letras lhe permitia fazer isso. Falei: "Ah, você é doido." Geralmente, é o contrário que acontece, a gente vem da periferia e sobe na vida e vai trabalhar na multinacional para comprar o terno Armani e o apartamento nos Jardins. "Você quer o contrário?" "Eu quero, professor. O que o senhor acha? Eu pergunto isso para o senhor porque confio no senhor, por causa das suas aulas sobre Drummond." Eu: "Olha, não posso te dizer o que deve fazer. Sempre achei imoral dizer a outros o que devem fazer. Os outros são livres. Mas posso dizer o que podem. Você pode isso e isso e isso. Escolha." Ele falou: "Ah, tá. Obrigado, professor." E sumiu da aula. Não sei bem quando, acho que um mês depois, apareceu, agora de tênis, calça de jeans desbotado e puído, camiseta branca. "Professor, pedi demissão. Estou arrumando aula em Taboão da Serra." Eu: "Mas você vai dar aula, vai fazer isso mesmo?" "Vou." E sumiu. Eu o encontrei acho que uns dois anos depois, desse mesmo jeito, dizendo que era professor na periferia. Estava muito feliz. Minhas aulas sobre Drummond mudaram a cabeça desse homem? Não, acho que não. Foi Drummond quem mudou. A grande poesia sempre é dinamite.

Tive mais experiências ótimas. Lembro que estava começando a dar aula na USP, em 1983. Era noite e estava lá, naqueles barracões, pois ainda não havia os prédios da Faculdade de Filosofia. Fazia frio, acho que era em junho e eu estava dando um curso sobre o romantismo brasileiro em que tratava do projeto de língua brasileira de José de Alencar, dos ataques de Castilho, do imperador Pedro II financiando o português para falar mal dele e tal. De repente, falei que o projeto de Alencar tinha sido retomado por Mário de Andrade, e que Guimarães Rosa fazia falar o que nunca tinha falado antes por meio de uma grande pesquisa linguística etc. Estava lá uma moça loira, de olhos azuis, alta e bonita. Ela falou: "Professor, o senhor gosta do Guimarães Rosa?" "Eu gosto muito, fiz um mestrado sobre ele." "Ah, que bom." Saí, era intervalo. Ela me procurou e falou: "Professor, eu sou neta do Rosa. Meu nome é Vera, estou aqui em São Paulo porque as minhas tias querem que a gente publique o *Magma*. Eu vim pegar o texto datilografado para o meu pai." O pai dela era o enteado de Rosa. Ela me mostrou o texto, agradeci e fui dar a segunda aula da noite. Quando acabou, eram umas 23h, ela estava lá, sentada num banco, e me disse que tinha feito uma cópia do texto para mim. Eu a tenho até hoje, datilografada, com correções e desenhos feitos pelo Guimarães Rosa.

Outra experiência legal como professor foram as aulas que dei num curso de extensão/especialização do Instituto de Filosofia, Arte e Cultura da Universidade Federal de Ouro Preto. Todos os anos, entre 1993 e 2012, quase vinte anos, fui a Ouro Preto, inicialmente nas férias de julho e nas de janeiro-fevereiro, no final apenas em uma delas, dar um curso que foi chamado de Cultura e Arte Barrocas, Poética do Barroco, Estética do Barroco etc. O curso era dado em uma semana ou uma semana e meia, todas as manhãs, de segunda a sábado, das 8h às 13h, em nível de pós-graduação, para alunos vindos de todas as partes do país e, também, de países vizinhos do Brasil. Toda vez que ia a Ouro Preto, levava uma mala grande cheia de livros – de retórica, poética, história da arte, história literária, teoria estética, pintura, escultura, arquitetura, emblemas, divisas etc. – que não havia em bibliotecas brasileiras. Eu os vinha comprando, e continuei comprando até hoje, para o meu doutorado sobre a poesia de um autor do século XVII. Lá, eu os emprestava aos alunos, que os copiavam e levavam para seus lugares de origem, no Norte, Nordeste, Centro-Oeste, Sul e Sudeste do Brasil. Infelizmente, por falta de vontade política da instituição, o curso permaneceu um curso de extensão, quando poderia ter se transformado num curso que poderia ter constituído Ouro Preto em um centro de estudos sobre os séculos XVII e XVIII luso-brasileiros. Orientei pelo menos uns oito trabalhos de pesquisa lá. Poderiam ser mestrados e mesmo doutorados, mas foram monografias de extensão. Por exemplo: sobre inventários do século XVIII da região de Diamantina; sobre as figurações do corpo místico do Estado português nas talhas e sacrários das igrejas; sobre o tratado de arquitetura de Borromeu; sobre a ornamentação da Igreja de Nossa Senhora do Pilar de Ouro Preto; sobre as inscrições latinas da Igreja de São Francisco de Assis de Ouro Preto; sobre a retórica da música dos séculos XVII e XVIII etc. Foi uma boa experiência como professor, de que me lembro com muita satisfação.

Aprendi com a minha experiência de professor algo que depois encontrei numa fala de Michel de Certeau sobre Foucault: "Pensar é passar." Ou seja, dei aulas discutindo os textos literários como meio de interrogar uma ordem, espantar-se de que esteja aí, perguntar pelo que a tornou possível, percorrendo sua paisagem, perguntando pelos movimentos que a formaram e achando, em histórias de cinzas, como pensar, como viver de outro modo.

Viver de outro modo. Como aquele torso arcaico de Apolo de um poema de Rilke, que faz o espectador sentir a necessidade de mudar de vida, em minhas aulas propunha a leitura literária como invenção de cenas que podiam suspender as evidências para evidenciar coisas insuspeitadas. Quase sempre estamos prisioneiros do hábito e da opinião e não vemos o que é fundamental: o corpo, a morte, o outro. Dizia aos alunos, citando Shakespeare, que os livros são metáforas do corpo e que lê-los é descobrir como a lei se grava na pele de papel. Num tempo horrível como o que vivemos, o papel dos livros não é suficiente e é nos nossos corpos que a lei se grava. Como atuam as formas de dominação do corpo escrito pela lei?

Aprendi com Lacan que o real é inacessível e que a história é destruição; por isso, sempre acreditei que, enquanto estamos por aqui, a prática do professor não pode ser uma prática sobre mortos, mas uma prática presente atuando sobre o presente. Por isso mesmo, sempre pressupus a morte como condição de possibilidade do arbitrário da cultura e do simbólico, para não aceitar a naturalidade do passado ou da falta de liberdade da porcaria cotidiana que é a vida brasileira.

Nas aulas sobre literatura brasileira que dei na USP, sempre me interessou tratar da historicidade dos textos e das leituras deles. Dei aulas sobre literatura tratando de determinações materiais e simbólicas da estrutura dos gêneros dos textos de ficção, que especificava para os alunos por meio de outros discursos contemporâneos dos textos ou posteriores a eles: obviamente, sempre existe um intervalo entre o ato do autor que inventou a ficção e o ato do leitor que a refaz. Esse intervalo é cronológico, tempo histórico e semântico, diferença cultural. A leitura de ficção é, nesse sentido, excelente ocasião para comparar os mundos possíveis que a ficção inventa com o mundo do leitor. É uma bela experiência antropológica e política de relativização cultural. Sempre entendi essa comparação como experiência que, antes mesmo de propiciar qualquer empatia do aluno com os textos, era e é experiência irônica, que o distanciava deles e do seu presente de aluno, evidenciando a arbitrariedade, a diferença e o efêmero das suas convenções culturais. Sempre propus aos alunos que, na experiência da leitura dos textos de ficção, talvez pudessem aprender o quanto permaneciam inacessíveis a si mesmos enquanto estivessem dominados pela naturalização das crenças que viviam como verdades trans-históricas. Assim, poderia dizer que uma orientação que tornava a aula eficaz era e é política; quero dizer, ensinar coisas, não importa quais, evidenciando o caráter arbitrário da cultura, a nenhuma universalidade das regras, a total contingência das coisas e, com isso, criticar a naturalidade e a normalidade dos hábitos que se tornam natureza. Criticar a ideia de natureza – isso, pra mim, sempre foi básico.

Obviamente, sempre pressupus que toda e qualquer aula – sobre a língua latina ou as subordinadas adverbiais concessivas ou a doutrina do corpo místico em Vieira ou o fantástico em Machado de Assis – estava, como está, determinada pela divisão do trabalho intelectual, que implicava e implica o trabalho individual e coletivo da divisão das condições de trabalho intelectual, dos lugares institucionais onde ele acontece, das questões teóricas e técnicas, dos instrumentos, dos materiais, e, consequentemente, a fragmentação do capital cultural transformado nas atividades que se conhecem. Sempre pressupus que, quanto mais se desenvolve a divisão do trabalho intelectual e mais se acumulam os conhecimentos, mais aumenta a fragmentação como ação e resultado do trabalho intelectual de divisão. O próprio trabalho só existe tendo por premissa a fragmentação. Pressupondo isso, dei aulas na USP durante trinta anos. Sempre chamei a atenção dos estudantes para as contradições que condicionavam as aulas, propondo-lhes que estas necessariamente pressupunham e incluíam aquelas, ainda, que o conhecimento da ficção antiga, dos gregos até o final do século XVIII, e da literatura moderna, dos românticos até o presente, também era uma forma de resistência à rapina da direita brasileira, pois o possível da liberdade que as obras afirmam nega a mediocridade da vida brasileira submetida à predação.

Para mim, a aula deve ser um espaço de problematização e crítica de evidências. Os primeiros românticos brasileiros propuseram a literatura como indígena civilizada, ou seja, como instituição local nacional e nacionalista, branca e francesa, católica e burguesa e quase sempre latifundiária. Desde os anos 1830, o nacionalismo romântico entendeu como substantivo o adjetivo *brasileira*, da fórmula *literatura brasileira*, enquanto o substantivo *literatura* foi, quase sempre, tido como um adjetivo ou classificação genérica de discursos ficcionais de prosa e poesia de diversos gêneros, em geral lidos não propriamente como ficção, mas como documentos da nacionalidade logo transformados em monumentos dessa coisa espantosa chamada "realidade brasileira". Ensinei literatura discutindo a invenção de tradições e criticando essa concepção nacionalista da literatura como documento e monumento. Na USP, o tal do instinto de nacionalidade sempre supôs e ainda supõe que era e que é evidente falar de literatura brasileira como *corpus* de monumentos literários brasileiros que documentam brasileiramente a natureza física do Brasil, a geografia e a história do Brasil, os processos políticos e culturais brasileiros de constituição e naturalização canônicas de si mesmos como *corpus* documental brasileiro, segundo a noção teológica de *Bildung*, "formação", retomada do idealismo alemão dos séculos XVIII e XIX.

A USP é um lugar institucional pouquíssimo afeito ao debate de ideias. Dei aulas sobre literatura brasileira tentando desnaturalizar a evidência romântico-positivista da literatura como documento e seu culto nacionalista como monumento. Sempre ensinei que a ficção não tem nenhuma essência e que, sendo ficção, os textos literários não são documentos de nada. Eles correm paralelamente a todos os outros discursos do tempo em que são produzidos, sem se confundir com nenhum deles, sem se subordinar a nenhum deles, sem ilustrar nenhum deles, sem documentar nenhum deles. A indeterminação de todo e qualquer princípio essencial fundante da ficção e de seus limites e, simultaneamente, a exatidão sempre particular, datada e situada dos processos retóricos que constroem as formas constituíram temas de que tratei várias vezes nas aulas. Sempre soube que não tinha nenhuma positividade a expor e nenhuma verdade a defender e impor. Sempre questionei a institucionalização da literatura como evidência documental de verdades dadas como naturais por aparelhamentos ideológicos nos quais agiam elementos gregários, muitos deles caracterizados por um notável orgulho da servilidade que os fazia puxa-sacos radicalmente estúpidos. Sobre eles, sempre pensei o que Virgílio diz a Dante, no "Inferno": *Guarda e passa*. Sempre ensinei literatura explicitando a particularidade histórica, politicamente datada, dos seus condicionamentos materiais e institucionais, dos processos retóricos de invenção de suas formas e tradições culturais, da particularidade histórica das verdades pressupostas nas verossimilhanças dos vários gêneros de prosa e poesia, da particularidade histórica e interessada da crítica brasileira constituída a partir dos primeiros românticos no século XIX, da particularidade histórica e interessada das apropriações e dos valores de uso dos textos etc. Ou seja, sempre dei aulas sobre literatura brasileira considerando e tratando dos processos materiais e institucionais contraditórios e polêmicos de constituição do campo literário. Como o texto de ficção é feito, segundo quais pressupostos e técnicas, com quais condicionamentos materiais e institucionais e fins, como produto simbólico datado, contingente, de grupos e de agentes particulares, e seus públicos, no plural, e os valores de uso das suas cadeias de apropriações, entre outros. E não o que é "a literatura brasileira", como algo essencial, universal, natural, documental, monumental.

Para evitar a naturalização de generalidades idealistas, ensinei literatura sempre lembrando que o que hoje classificamos como *literatura* – por exemplo, literatura grega, literatura medieval, literatura barroca – não foi entendido como *literatura* nos tempos correspondentes às classificações. Ensinei que usamos essas expressões por preguiça, por ignorância e por ideologia, e que literatura – como o conjunto de discursos ficcionais escritos, cujo conteúdo é a própria forma como objeto de contemplação estética desinteressada – é uma invenção relativamente recente, datada da segunda metade do século XVIII. Antes do século XVIII, a ficção existiu, obviamente, mas não a literatura. Assim, ensinei que a ficção é sempre histórica, mas que ela não é a história e que seu conceito como *literatura* não tem validade trans-histórica.

Sempre chamei a atenção dos estudantes para o que deveria ser totalmente óbvio: a ficção é prática simbólica real, social e histórica que não é exterior à história como reflexo. A ficção não é um espelho. Ensinei que o que está em jogo, quando se fala de "literatura e história", por exemplo, não é a representação da história pela literatura, mas a historicidade dos modos, categorias e conceitos teóricos e dos meios técnicos de definir, produzir e consumir ficção como prática simbólica que põe em cena, de maneira verossímil e decorosa, figurações dos discursos tidos por verdadeiros em seu tempo. Essas maneiras são historicamente variáveis, e todas elas dependem do modo como a experiência do tempo é vivida e orientada.

Ensinando literatura como função, tratei de regimes discursivos não literários, como o jurídico, o religioso, o histórico, o filosófico, o científico e o jornalístico, que são matéria transformada, citada, parafraseada, estilizada, parodiada, negada, destruída etc. nos textos de ficção.

Quando ensinei literatura como comunicação, tratei da historicidade dos conceitos de *autor*, *obra* e *público* e de oposições, como *oral/escrito*. Com isso, foi possível ensinar, por exemplo, que os autores coloniais tinham a posse, mas não a propriedade dos discursos que inventavam. Eles conheciam, evidentemente, conceitos como *furto* e *pirataria*, mas não o conceito burguês de *plágio*; assim, a obra de ficção, feita como emulação de modelos de autoridades dos diversos gêneros, era inventada e recebida como variação elocutiva de predicados já conhecidos, que autores anteriores ou contemporâneos tinham utilizado. O público da obra, como público de uma sociedade colonial de Antigo Estado subordinada ao exclusivo monopolista no pacto de sujeição à Coroa portuguesa, não tinha, evidentemente, a autonomia liberal pressuposta nas leis que regulam a livre concorrência e a opinião pública na sociedade burguesa. Era público subordinado que, na apropriação das obras, reconhecia e reiterava a representação que elas faziam do seu estatuto de público subordinado ao bem comum. Assim, no caso das belas-letras coloniais, eu as ensinei sem recorrer a noções iluministas, ou romântico-positivistas, de evolução ou de progresso das artes, mas sim de emulação, a imitação que varia predicados de uma obra ou obras consideradas de ótima qualidade, como contribuição cumulativa para o acervo do seu gênero e modelo para novas emulações. Para isso, tratei de definir categorias e conceitos segundo sua historicidade, como é o caso de *tradição*. Ensinei literatura evidenciando que, no mundo capitalista moderno em que o Brasil se incluiu, como nação, desde a Independência, em 1822, o trinômio *autor-obra-público* passou a ter outra definição e outro valor ou valores. Assim, para definir e especificar o valor dos textos, ensinei as letras e belas-letras coloniais tratando de categorias antigas, como *mímesis, imitação, emulação, decoro, proporção*, recorrendo a conceitos da chamada "política católica" formulada a partir do Concílio de Trento, entre 1540 e 1563, e sistematizada por autores como Giovanni Botero e Francisco Suárez. Ensinando literatura, tratei de categorias modernas, como *originalidade, expressão, ruptura, novidade, crítica, inovação* etc. e das diversas tradições críticas que constituíram e constituem cânones estéticos, desde os românticos alemães e ingleses da segunda metade do século XVIII até, a partir dos anos 1980, os chamados "pós-modernos". Também ensinei literatura brasileira considerando as apropriações, citações e paródias estabelecidas entre vários textos e autores. Assim, tratei em aula dos modos como os primeiros críticos românticos leram documentos dos séculos XVII e XVIII sobre o poeta colonial Gregório de Matos e Guerra não considerando as convenções dos gêneros deles e inventando tradições nacionalistas em que a poesia atribuída ao poeta é lida como precursora da Independência e do Brasil nação; ou como Alencar inventou seus romances segundo o programa nacionalista de representar o Brasil contemporâneo dele, o Brasil da Corte e o Brasil das províncias do Império, e o de inventar uma língua brasileira de literatura, cenas, temas e tipos humanos do passado colonial, retomando Chateaubriand, Balzac, Herculano, Fenimore Cooper, Gonçalves de Magalhães e outros. E o que Machado de Assis propôs, criticando o romantismo de Alencar. E o que Mário de Andrade recuperou de Alencar. E o que vem a ser o regional em Alencar – e em Euclides, Graciliano Ramos, Guimarães Rosa e Ariano Suassuna. E como Rosa mantém o regional como meio para outra coisa superior que o elimina, interpretando geologia, geografia, flora, fauna e culturas sertanejas com Plotino e Goethe. E como o moderno se efetua em Mário, Bandeira, Oswald, Alcântara Machado, Ascenso Ferreira, Raul Bopp, José Américo de Almeida, Dyonélio Machado, José Lins do Rego, Graciliano Ramos, Rachel de Queiroz, Jorge Amado, Aníbal Machado, Lúcio Cardoso, Carlos Drummond de Andrade, Murilo Mendes, Cecília Meireles, Jorge de Lima, João Cabral, os concretistas, Cornélio Penna, Clarice Lispector, Raduan Nassar, Hilda Hilst e outros e mais outros.

Com diversos teóricos, num arco temporal que ia de Platão a Karlheinz Stierle, de Aristóteles a Jauss, de Horácio a Paul De Man, costumava ensinar aos estudantes que um enunciado é fictício quando sua significação não pode ser corrigida pela realidade, mas só interpretada ou criticada. A definição opõe a ficção aos textos históricos, filosóficos, religiosos, científicos e pragmáticos. Ensinei literatura pressupondo essas distinções, mas também propondo que, hoje, a noção de ficção, como produto de um ato de fingimento, está indeterminada, porque é possível inventar a realidade, fingindo-a como ficção.

Obviamente, ensinei literatura na USP, que, como disse, nos últimos 25 anos foi e vem sendo mais e mais atacada pela predação dos sucessivos governos de direita, como o dos tucanos. Ensinei literatura tendo por pano de fundo o cenário da devastação crescente, lembrando aos estudantes que, como tudo na ordem do tempo, as obras de literatura são totalmente contingentes. Já na particularidade brasileira da situação contraditória em que foram e são inventadas, também incluíam e incluem a ruína futura que iam ser ou vão ser ou já são nas parcialidades da sua forma e nas contradições da sua recepção. A liberdade que elas afirmam é intensa, mas extremamente frágil e precária. Um sopro de vida. Sempre gostei de repetir Sartre, que lembrou que a primeira coisa a pegar fogo numa explosão atômica é o papel em que se escreve o poema contra a guerra nuclear. E sempre há o trabalho do tempo. Os homens morrem e pouco sobra das obras literárias, também necessariamente voltadas à destruição e ao desaparecimento. Enfim, como professor, sempre ensinei que a literatura que presta nos diz que é urgente mudarmos de vida porque a nossa não presta, e vamos morrer.

LEON KOSSOVITCH

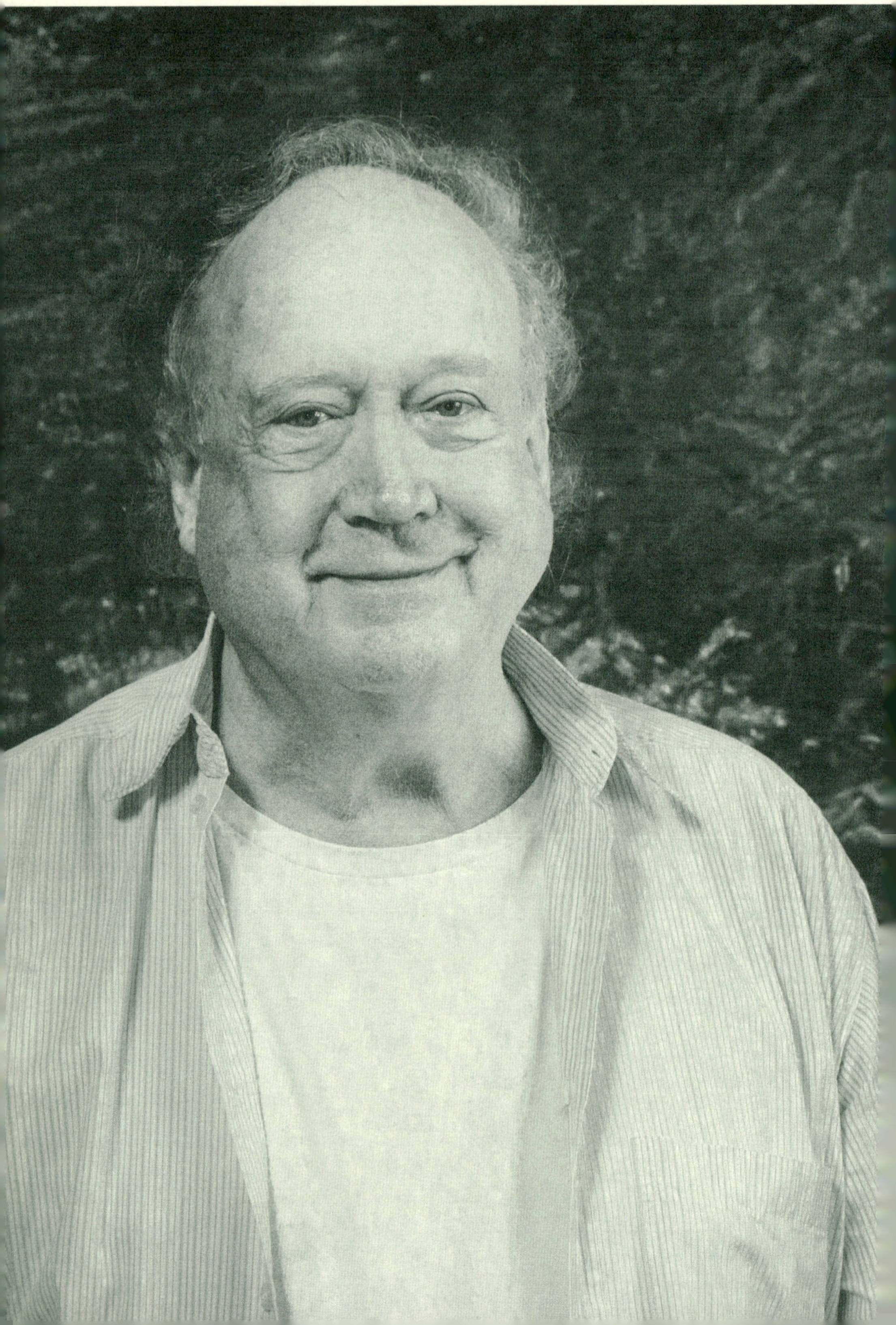

AULA

À memória de Gilda de Mello e Souza

Não me lembro da estreia como professor da USP. Embora não se possa substituir o resíduo dos marcos da memória por recapitulações inchadas de fantasmagorias, salta uma impressão, "1970", a associar, em sua magreza de data, não as previstas tensões e vacilações das entradas em cena, mas a surda percussão que, vinda de um longe sem medida e sem figura, cavalga o desvanecido, evento. Acessíveis como extracênicas, as batidas ligam o evento, conquanto incorpóreo, ao existente, exterior ao universal dos termos virtuais, como os possíveis ou os infinitos e, em sentido inverso, ao outro incorpóreo, o substancial dos dados, como o das positividades a si mesmas bastantes por fechamento com algum sentido prévio. Com essa dupla supressão do existente, não se estabelece circulação entre as proposições do discurso e o mundo que elas envolvem à maneira de universo, de vazio ocupável por um corpo que, embora incorporal, por ele não está ocupado. As passagens entre corpos e incorporais recaem nos também estoicos apareceres (*phantasiai*), que ligam a física e a lógica no historicamente primeiro sistema de pensamento, que recusa as preliminares instrumentais, ainda no *Organon* de Aristóteles externas, enquanto inclui, como terceira, a ética, sem às três hierarquizar. Uns dos outros agentes ou pacientes, os corpos explicitam, da causalidade, a eficiente, enunciando-se tropicamente, no que as proposições envolvem-nos como incorporais, assim, sem sobre eles agir. Com isso, a percussão do remoto "1970", desprezando o infinito e o possível, distingue, neste texto, o *logos* como corpo, que circula como *lekton* pelo incorporal: "dito", pois, que nem queima, nem fere, mas, como predicado, vem queimado e ferido, consoante os exemplos médicos propostos na física estoica ao diferençar corpo de incorporal. Elidindo, também, os trancamentos com fantasmagorias pacificadoras, como "dados" e "contextos", hoje narcóticos, este escrito, como posterior à viva entrevista e sobredeterminado pelo golpe de 2016, não se satisfaz no plano de uma transcrição técnica, pois, vulnerada, esta ainda se fere ao escrever sobre os repiques "1964"e "1968-1969", insistência que abre chaga por dupla laceração, a velha da farda, a nova da toga, instrumentos e emblemas de uma burguesia que aprova seus altos funcionários nas universidades profissionalizantes dos EUA.

A prática teórica que assombra a aula desde os anos 1969 com a infiltração de agentes da ditadura burguesa fardada marca a resistência. Abstraindo-se, aqui, as brechas na autocensura, as aulas denunciam ocasionalmente a repressão, intrometendo-se nas linhas da discussão manchas de intervenções políticas. Como esta entrevista toca 2016, a ferida se entreabre, mantendo aquecidas as idas e vindas do diálogo. Escrita, entretanto, nela se evitam as repetições, acúmulos, diluições em que muito redunda e escapa, tal o anseio de clareza dos entrevistadores e do entrevistado. Busca na rebusca de definições, os tateamentos orais desfiam os fios discursivos, substituindo-se, no escrito, trechos inteiros de falas assediadas pelo infinito: mesmo assim, adivinha-se, nessa mistura, uma sorte de *actio* sem cálculo na gesticulação de mãos, braços, corpo, a, rústica, acolher rearranjos, brancos e rasuras que corrijam os discursos, no que as hesitações, suspiros, inflexões de voz, como também os movimentos da cabeça, os do vulto com seus esgares e olhares, não obscureçam as partes de Quintiliano; retórica ainda se lê na passagem das falas, mais atrapalhadas no entrevistado do que nos entrevistadores, ao texto, pois a prescrita clareza diminui a vivacidade do turbado diálogo no concernente à amplitude da elocução por aumento dos afetos do mover sobre os do instruir, que a oratória sacra de Vieira exemplifica como descimento ao papel.

Os atropelos retóricos nas falas da entrevista, propondo a troca dos brancos indefinidos da memória pelos ressaltos cronológicos dos golpes, põem em evidência discursiva o político: a virtualidade empoeirada das cenarizações do inicial "1970" cai com os limites impostos pelo par "1964, 1968-1969", começo e auge dos golpes da sequência recente, cujos eventos não se incluem entre as causas, como no Cícero de *Sobre o destino*, a dizer que não se entende por causa o que precede um evento, mas o que o precede, gerando-o. Os eventos deslizam no incorporal como ditos, *lekta*, que, envolventes como predicados, lançam, transitivos e sistêmicos, rede de proposições políticas extensíveis às primeiras aulas, a ponto de somente o apego à superespecialização profissional calá-las. Recíprocos na implicação, os discursos da política e da aula nem nos significados se separam, nem na incidência sobre estes dos significantes existentes como corpos a efetuar o incorpóreo de um tropismo ou modo, como Sêneca escreve a Lucílio: "quando dizemos: a 'sabedoria', compreendemos algo corpóreo; quando dizemos: 'ele é sábio' falamos a respeito de um corpo. Ora, há uma enorme diferença entre dizer algo e falar a respeito dele". Efeitos análogos se surpreendem na entrevista: o tempo menos encapelado não alisa, entretanto, as suas dicções, e sim o gênero dominado pelo diálogo. Como a reciprocidade não separa as proposições, e os discursos implicados não erguem hierarquias, excluídas as gradações de uma teoria dos tipos, não se pede que contextualizem os seus recíprocos ou que se alcem a seus metalinguísticos, nem, tampouco, que se oficializem na roupagem *cult-pop* de "formas" e "conteúdos". A implicação das proposições que liga o par acima tratado a "1970" acresce sucessores menos entrecortados, propagando-se a contaminação dos dois grupos de datas em não poucos discursos – surge, nesse tempo, a revista *Discurso* do Departamento de Filosofia da USP como publicação de estudos e, já por sua simples existência, como ato de oposição à ditadura – a jogar com as inversões então correntes na crítica, assim, "teoria da política" e "política da teoria".

Dois, os pares de datas delimitam eventos, tramando-se neles e entre eles o estudo e a política: como o vazio, o lugar, o tempo e o dito, os eventos dissuadem, discursivamente, o ator das divagações, *phantasmata*, sobre a pretensa existência do memorado de aula, pois o definem a partir da quádrupla distinção estoica encabeçada por "o aparecer", ou *phantasia*, a que se remetem os três termos restantes, "o aparecido", *to phantaston*; "o aparecimento", *to phantastikon;* "o aparecente", *to phantasma*. Este irrompe com o louco de Aécio a esmurrar sombras ou com o sonho, faltante apoio no existente. Trazendo Crisipo nesse passo, Aécio dispõe os termos dois a dois: discerne entre o aparecimento, *phantastikon*, como o arrastado pelo aparecente, *phantasma*, e o aparecer, *phantasia*, que, fundado no aparecido, *phantaston*, vincula-se ao existente. Apoiado no aparecido, *phantaston*, o aparecer, *phantasia*, ilumina-se (em Crisipo, *phos*, luz, partilha o nome com *phantasia*) e tudo revela (*phainestai*, mesma etimologia), portanto, a si e a ele, que a suscita. Jogando com a existência e a inexistência, esses termos explicitam acepções convergentes como variações, assim nos textos de Freud e Lacan, distinguindo aquele o medo da angústia a partir, respectivamente, da existência ou inexistência de objeto, enquanto este tem a distinção por inútil, porque apoiado em seu conceito de objeto *a*.

Eutikhia: o bom sucesso em encontros como o da entrevista sobrevoa este desencadeamento discursivo; por mais que se tente impedir as divagações atribuídas à memória, estas só se interrompem com a intervenção de enunciados que desfaçam o isolamento não menos esfuziante do que o da restrição intelectual dos anos sufocados. *To tygkhanon*: dois passos do *Contra os lógicos*, de Sexto Empírico, relacionam o termo com os dois de amplíssima divulgação moderna, o significado (*semainomenon*) e o significante (*semainon*). Corpos, *semainon* e *tygkhanon* contrastam com *semainomenon* que, incorporal, envolve o seu outro. Diferindo entre si como o som (*phoné*) e o existente, respectivamente, *semainon* e *tygkhanon*, aquele se articula com o *semainomenon* mesmo quando separado por uma moderna barra assinaladora de não imitação de um pelo outro, em Sexto, por meio de duas linhas autônomas, ao passo que este, desalinhado, distingue outra dimensão do existencial, por alguns chamada "referente", que convoca Díon como a um existente distinto do outro, o do corpo significante *phoné*, incompreensível para o bárbaro, mas não para ele, que o interpreta, significado. Incorporal, este ocupa o lugar de *lekton*, de dito: como o existente em *tygkhanon*, Díon não foge ao encontro, decerto marcado, fazendo a passagem do corpo ao incorporal, cuja geração explicita a ligação da sensação e do pensamento, operada pelo aparecer compreensivo (*phantasia kataleptiké*). O existir se impõe como fundamento do aparecer e do conexo pensar, interceptando a acepção de comando do verbo *hyparkhein*, a distinguir-se, assim, do ser (*eimi*), amplo nas acepções de Aristóteles e digno nos desvelamentos de Heidegger, como também, em outra direção, de subsistir (*hyphistasthai*), reservado aos incorporais envoltórios dos corpos.

Tykhé: feliz ocasião, o encontro propicia enunciados fixadores de cronologia, como o "1970" das aulas, que se ordenam com as balizas políticas dos dois grupos de datas que lhe dão, contra as derivas, ancoragem, pois valorizam, na proposição, o caso em detrimento do substrato, ou sujeito, na lógica crisipiana.

Delimitando com o político as extravagâncias da memória, o vazio no aparecimento cede diante do existente no aparecer, como o *phantasma* se retira diante da *phantasia*: tudo se ilumina e se revela no concerto de termos postos em relação, como os dos significados da constelação do aparecer e os da gama do existente, em que se inclui o significante *phoné*. No aparecer, o aparecido se revela, embora antes àquele tenha suscitado como existente de sensação, anterioridade apenas supositiva, pois simultânea na alma como sensível e inteligível. Pois, entre as diversas divisões do aparecer em Sexto Empírico e Diógenes Laércio, o lógico segue-se ao sensível, enlaçando-se ambos no aparecer compreensivo. Como afirma Frédérique Ildefonse, o aparecer lógico explicita-se imediatamente proposicional, não decerto de um corpo por si, assim, de um conceito, mas do que o vente vê como disposto ou agente de um modo determinado, como um tropo que singulariza uma multiplicidade: o aparecer lógico delimita a passagem ao discursivo, que se estende por transições tabuladas como composições (*phantasia metabatiké kai synthetiké*). Na física, como causas, os corpos evidenciam a transmutação, pelo *logos*, da matéria (*hylé*), em grande parte dos textos estoicos chamada "inerte", nos quatro elementos, os ativos, fogo e ar, dos movimentos ascendentes, os passivos água e terra, dos descendentes, ao primeiro par combinado correspondendo o sopro (*pneuma*), ao passo que a mistura dos princípios ativo e passivo confere sintonia ao conjunto, que mantém a qualidade própria (*idios poion*) de cada corpo. Distingue-se ainda com Frédérique Ildefonse, em seu *Les Stoiciens I*, entre natureza (*physis*) e alma (*psykhé*), aquela sopro úmido e quente, menos tensa do que esta, dominada pelo frio amplificador da tensão, e com a força (*hexis*) do aparecer e o impulso (*hormé*) motor. Como corpo, e a alma como corpo e, dele, a unificante, faz Diógenes Laércio afirmar o primado da unidade. Ao mesmo tempo, o acordo entre as singulares qualidades próprias corresponde, em lógica, ao nome (*onoma*) "Sócrates", a ser distinguido do apelativo, ou qualidade comum (*prosegoria*), "homem".

Os grupos de datas de golpes, ora cobertos com farda, ora com toga, quando não com ambas, votados pelo traje de passeio legislativo e finalizados pela manducação da subserviência jornalística ao patrão, em relação ao qual os leitores podem exigir para si a liberdade para se livrar de tal imprensa, delimitam, por cima da turiferária classe média de olho na patena de sanduíches servidos na avenida champanhota e com a mão a bater no turíbulo do terraço churrasqueiro, o aparecer: em contraste com os aparecentes fantasmáticos dos sonhos, as datações visam, no existente, os discursos, ligando lógica e física, proposições e sensações. Como o aparecente do pensamento (*nous*) delira no conceito (*ennoema*) dele gerado no vazio – em von Arnim: "o conceito é um aparecente do pensamento do animal lógico; com efeito, quando o aparecente advém (literalmente: cai) numa alma lógica, chama-se-lhe conceito (*ennoema*), tirando-se seu nome do pensamento (*nous*)". Em associação a um substrato (*hypokeimenon*), categoria que com a segunda, a qualidade (*poion*), define o constitutivo de algo (*ti*), enquanto a terceira, modo, tropo (*pos ekhon*) e a quarta (*pros ti pos ekhon*) se excluem do constitutivo, como em Diógenes Laércio: lógico, "um conceito é um aparecente do pensamento discursivo (*dianoia*), que nem é um algo, nem uma qualidade, mas em certo sentido um algo e em certo sentido uma qualidade, como quando se tem a impressão de ver um cavalo, ainda que não esteja presente um cavalo". O aparecer lógico como pensamento se latiniza, *certo modo se habens*, distinguido por George Grote, pondo em evidência o singular, o modo de se dispor ou se portar, alheio às duas primeiras categorias; quando a segunda se reforça como *idios poion*, qualidade própria, na disposição dos corpos agentes e pacientes de que se geram predicados, o incorporal evidencia o governo da proposição (*axioma*) pelo predicado (*kategorema*) que, erodido o substrato, chega ao caso; eliminado o ser, sobrevém a desinência, como nos megáricos, com seu célebre "a árvore não é verde, a árvore verdeja".

Eventos de discurso, os golpes efetuam-se como lacerações incorporais que envolvem o corpo de um outro ferido, pois predicados. Iluminando o pensamento discursivo (*dianoia*), a sensação a ele se liga pelo aparecer compreensivo (*phantasia kataleptiké*), o qual, como aparecer lógico, estende as proposições nas quais a implicação corresponde à causalidade nos corpos e, conceito de consecução (*akolouthias ennoian*), preside as transições e composições (*metabatiké kai synthetiké*). Ressaltando a ordem das passagens e das composições, não propõe progressos, pois não se pode tratar da construção de ciência no país atual, mas de confirmação da velhíssima política, salvo afortunadas interrupções, nas rugas fundas dos fins do Primeiro Império. Como nos golpes importa a memória das aulas, a descontinuidade prevalece, abstraindo-se, aqui, a continuidade da dominação burguesa: tendo recentemente o país, pois não carecia então de dignidade, começado a avultar nas relações internacionais, fâmulos jornalísticos, mas também diplomáticos e acadêmicos, esqueça-se o descalçador de coturno épico na fronteira norte-americana como exigência de cérbero local, apressaram-se a mofar do que decretavam configurar-se como ausência de autocrítica nacional, campanha que também amesquinhou os Jogos Olímpicos e a Copa do Mundo, cuja perda os envergonhava: exigia-se o galardão da única agonística válida, a esportiva. A assim chamada Escola das Américas para o duro aprimoramento de militares e a mais recente inserção pós-graduanda de juristas com resultado não menos certificado escancaram a posição desejada subalterna pela burguesia do país em relação aos Estados Unidos: tudo para, ficando por baixo no exterior, trepar nos de baixo no interior.

A compreensão dos golpes pelos discursos, não dos que hoje mistificam – ei-lo, o termo enfadonho pela repetição, "narrativa" – como signo exclusivo do dizer e como silenciamento da ação política, distancia a manipulação contra a verdade, retirada do vazio como abertura do significado. Delimitação de um exercício nos tempos de trancamento da vida pela mentira – catita, chamar ao atual refugo fraseológico "ideologia" –, pois nem o fantasma de Aécio faz temer a indecência dos emaladores volantes com alça. Começa-se com o existente: o aparecer singular das sensações associa-se momentaneamente às proposições, assim, aos modos e disposições; no encontro com Díon, explicitador do ilimitado do passado e do futuro, tempo incorporal, vem a compreensão da maneira pelo vente como do que pertence ao presente limitador dos corpos estoicos. Em Ário Dídimo, tendendo a divisão do contínuo ao infinito, nenhum tempo se define exatamente como presente em alguma extensão, na qual existe, enquanto o passado e o futuro subsistem. A definição pelo presente e pelo intervalo ordena os grupos de datas golpistas, pois determinantes como apoios existenciais da memória. Voluntária como *anamnese*, involuntária como *mneme*, as vertentes aristotélica e platônica da memória resvalam a aparecentes fantasmáticos pela limitação temporal. Deslocando-se, entretanto, o argumento, a memória desprende-se do chão das faculdades ao remeter, no fazer e no agir, à discussão da verdade para a poética e para a prática do Cícero das *Acadêmicas*: requerendo memoração, a alma despreza o falso ou o que não compreende, e isso no concernente ao que ela discerne, como também na ação e no que planeia fazer nas artes. A dominação sobre as instituições e a pressão sobre os sindicatos, seguindo a lógica da concentração, drena os bens para bolsões nos quais os negócios crescem, mas em que também se estabelecem controles adicionais aos dos interesses, como a eliminação dos medos. Devastadores, os dispositivos protetores associam a educação a amplos projetos das potências dominantes, tal o acordo MEC-Usaid com os Estados Unidos, envolvidos no golpe de 1964, seguidos da destruição do ensino público, como também da insistência burguesa, sempre empenhada na supressão de tudo quanto ultrapasse o pensamento técnico e o passatempo, mantendo os debates na mediocridade do que chama, não por acaso, "entretenimento", no qual a verdade e a memória se anulam – assim, as sensações e o aparecer compreensivo. Ainda Cícero nas *Acadêmicas*:

> Onde a memória, se nada percebemos? [...] O que é falso não pode ser percebido [...] Se, pois, a memória é das coisas percebidas e compreendidas, tudo o que cada um rememora a isso tem compreendido e percebido... 'Que será das artes?' 'A quais?' Às que reconhecem mais usar a conjectura do que a ciência, ou às que seguem só o que é visto e não têm essa vossa arte com que distinguem o verdadeiro e o falso?

Da limitação, a verdade liga a memória ao existente, portanto, às sensações e mais partes da alma, cuja definição recai nos apareceres que a alteram em Crisipo, contra as impressões por ela padecidas em Zenão de Cítio e em Cleantes. Conquanto difiram, nenhuma parte se separa das demais na crisipiana, pois a alteração modela uma hauridora alma octópode, como se lê nos *Fragmenta* de von Arnim. Reunidos, os cinco sentidos, as partes vocal (*phonetikon*), seminal (*spermatikon*) e dominante (*hegemonikon*), que rege as demais sem, contudo, transcendê-las, movem-se como um polvo cujos tentáculos levam e trazem sensações que alteram a alma, *alloiosis*, de fluidez e plasticidade contrastantes com os encavalamentos sequentes à falta de lugar da *typosis* zenoniana e da rebaixada e ressaltada dos relevos cleantesianos. Pois, em Crisipo, as impressões isoladas em sobreposição desaparecem no feixe das múltiplas sensações e dos apareceres, tanto destes quanto dos pensamentos que o polvo comanda por sua diversidade plástica: as ações sensoriais, procedendo da parte regente e circulando no corpo, àquela retornam, que as combina, mutante. Demorando-se na exposição desses movimentos, Plutarco, em *Das noções comuns contra os estoicos*, assinala os sentidos das idas e das voltas, bem como das circulações: a visão vai como sopro aos olhos; a audição, aos ouvidos; o olfato, ao nariz; o paladar, ao tato interno; quanto à semente, vai ela como sopro ao órgão do sexo; a fonação, à faringe, à língua e aos mais órgãos concernidos. Tudo se põe a circular entre os tentáculos e o corpo, em que o *hegemonikon* dirige os apareceres e os movimentos, alma, a um tempo impulso e aparecer compreensivo, que Diógenes Laércio localiza no coração.

Dois golpes em 1968, um contra o pensamento na Maria Antônia, vindo do Mackenzie do CCC em outubro; outro, em dezembro, com o AI-5, baixado pelos então gorilas, com a orientação de uns juristas da São Francisco que o pudor não nomeia, sem, entretanto, lhes esquecer a obra. Efeito do primeiro golpe: instalação nos barracões da Cidade Universitária no começo de 1969 para a retomada do curso de filosofia, logo atingido pela chicana de desafetos pessoais e políticos, que ditam, e não se os esquece, tampouco pela obra, a aposentadoria compulsória e a retirada defensiva de professores da Universidade de São Paulo.

Após discussão dos professores sobre o eventual encerramento das atividades do Departamento de Filosofia, prevalecendo a posição contrária relativamente à eficácia da resistência à ditadura, o curso recebe o auxílio de docentes de outras áreas da faculdade, como o de José Cavalcante de Souza, cujo ingresso devolve, por sua condição de titular, a autonomia perdida com as cassações, e o de Maria Sylvia de Carvalho Franco, como também o de professores do estrangeiro – assim, Jean Galard e Hugh Lacey. Convidam-se alguns alunos da pós-graduação ou prestes a concluir a graduação, que passam a auxiliar os professores remanescentes. Dirigido por Gilda de Mello e Souza, fundadora da revista já referida, o departamento busca firmar-se com as aulas e as pesquisas, determinado na resistência à barbárie política e intelectual com a produção de teses, dissertações e artigos, assim como, não muito depois, com a extensão de cursos ao debate político com círculos extra-acadêmicos, com destaque para o dirigido por Marilena Chaui. Nesse entrançamento da política e da filosofia, este resumo do institucional ressalta, para lá das omissões, a exigência de verdade e memória, que não raro se retiram, operando as *Acadêmicas*, agora, como repto:

> É certo que à memória, que contém não só a filosofia mas até o uso da vida toda e todas as artes, não se deixa qualquer lugar [...] Que memória pode haver do falso? Ou lembra alguém o que não compreende e tem na alma? Que arte pode haver a não ser a que consta não só de uma ou duas, mas de muitas percepções na alma? Se a tiveres suprimido, como distinguirás o artífice do ignorante?

A datação por grupos nem gera narrações nem frases, pois sua eficácia se restringe ao estabelecimento de conexões temporais de enunciados que auxiliem o presente da enunciação contra as vacilações do anacronismo e mais confusões associadas à aula. Considerado o país, a datação distingue a política, que não opera, todavia, como referência a método ou doação de sentido, que achata a filosofia, como o uso, a efígie da moeda gasta. A delimitação pelos golpes e seus intervalos não firma tampouco uma substância cujo peso bloqueie o presente, o qual, por sua vez, não se caracteriza por um relevo isolador, porque configurado nas intersecções de diversas temporalidades. Esses delineamentos não defendem a imprecisão, mas a simplificação que intensifique a definição exaustiva e, alheia à analística, a conjunção "1968-1969", circunscrevendo os golpes referidos; entretanto, não visa pormenorizá-las. Assinalando como traçado indicativo o compromisso da aula e da política, a conjunção atenua a precisão por remeter à memória sem se fixar na verdade, no existente, no aparecer compreensivo, cuja extensão analítica excede a escolha, satisfeita, no concernente às causas, a um outro modo de definir, como está em Diógenes Laércio: "A definição (*horos*), como afirma Antípatro no primeiro livro *Sobre as definições*, é um argumento que expõe de modo analítico e com exatidão ou, como diz Crisipo em seu *Sobre as definições*, um argumento do que é próprio. O delineamento (*hypographia*) é uma definição que simplifica uma definição." As datações amparam a memória, seguindo os incorporais em determinação crescente na consecução (*akolouthia*), ora por transições e composições em que a implicação corresponde à causalidade, aos corpos, ao momentâneo da partida sensível pelo aparecer compreensivo; ora por meio da definição de definição, delineamento, ao lançar os traços que afrouxam a determinação rígida em benefício de uma tabulação como figura de composição indicativa.

Doravante, além de baliza da memória, o político neste entrançado cresce quando se põe em questão a pertinência do termo "golpe" neste texto, que, substantivo comum, hipostasia o sentido gerativo do discurso, a menos que se o considere modalidade verbal. Distinguindo a geração, o verbo ressalta o predicado às expensas do substrato, ou substância, enquanto revaloriza o caso (*ptosis*) na proposição como o que, de alguma maneira, a completa e a ancora. Como o golpe não se inclui na física estoica enquanto ação e paixão entre corpos, pois, incorporal, evento, a sucessão descontinuada no tempo do golpear e seus sinônimos desde o ano de 1964, aqui escolhido para iniciar a sequência, o ódio da classe média canarinha nada gera senão mais ódio, diferentemente dos nunca nomeados autores burgueses e seus sereníssimos interesses, cuja atividade tampouco nada pronuncia. Em contraste com essas estases, a geração de proposições por verbos e casos sobressai nos predicados em transições e composições que se iniciam no passo já referido de Diocles de Magnésia sobre o aparecer das sensações e do pensamento discursivo, em que se propõe o critério de verdade como passagem ativa do assentimento e da compreensão à linguagem e ao aparecer compreensivo. Essa definição se estende à do verbo em Diógenes de Babilônia, associado ao estudo dos nomes, comum e próprio, mas, principalmente à do predicado, fundamental na proposição da sintaxe como viés gerativo: incompleto em "escreve", o dito, *lekton*, considera a elipse que o caso pode completar nas proposições; adiante, vêm desdobramentos nos sucessores de Apolodoro em Diógenes Laércio: "O predicado é o que se diz de algo ou de algo com um ou mais outros, como afirmam os seguidores de Apolodoro; ou é um dito elíptico com um caso reto na geração de uma proposição. Alguns dos predicados são eventos [...] como navegar entre rochedos [...] Os predicados se incluem nos ditos elípticos e, nos completos, as proposições, silogismos, pedidos, interrogações [...]"; também, em Amônio, de Porfírio: "o predicado é predicado ou de um nome ou de um caso; desses, cada um pode ser completo. O que é predicado de um nome, produzindo uma afirmação, diz-se seu predicado ou evento (os dois termos são, com efeito, sinônimos)". As divisões e subdivisões continuam, variadas com os autores, como Diógenes Laércio e Sexto Empírico.

Os golpes mais uma vez envolvem a inefável burguesia golpista, como os incorporais, os corpos: eventos, a eles correspondem, sem que o mais espantado dos gestos ou o mais enevoado dos desamparos causem algo. Seguindo os corpos, os incorporais ligam-se, efeitos, uns aos outros em cadeias transitivas e compositivas na ciência, distinguida a sintaxe na implicação e na suspensão semântica do verdadeiro e do falso. Já a homologia, estendendo-se do micro ao macro, conjuga o sensível e o inteligível, que a este logicamente sucede no aparecer compreensivo, ordem de encadeamento, em que a correspondência das sucessões a confirma em qualquer ponto. Os golpes e o universo, não o mundo, se equivalem, pois, vazios, envolvem, como aquele a este, a política, embora não se dispersem, gregários, constituindo corpo, no que as relações e circulações prevalecem sobre o incorpóreo, os elementos: como no polvo anímico, tudo se relaciona com tudo, combinatória, plasticamente. Em Diógenes Laércio, a coesão do mundo decorre da sintonia do céu e da terra, assim como da comunidade do sopro, de que não se exclui, em razão da circulação dos quatro elementos, a consumação pelo fogo (*ekpyrosis*) e a palingenesia, em que tudo renasce, eterno retorno. Mas os golpistas, além de rebrotar ciclicamente, se alinham com os verbos: o mundo de Posidônio, no *Tratado elementar sobre os meteoros*, "é a qualidade própria de todas as substâncias [...] sistema constituído do céu, da terra e das naturezas que nele estão". Pois a qualidade própria dispensa a subjacência da *ousia*, de modo que as mutações têm, em Posidônio, homologia com o aparecer lógico e suas transições e composições, atribuindo-se a geração à prevalência do predicado, com o verbo a atrair, mesmo quando heterogêneo, o caso, para completar a proposição (*axioma*).

Não basta, certamente, remeter o golpe às proposições, porque o dito as ultrapassa em mais de um sentido, já como geração, já como construção. O dito opera em Diógenes Laércio como o fulcro da distinção, acima aludida, entre os enunciados "completos, como as proposições e os silogismos, e os elípticos, como os predicados ativos e passivos [...]". São elípticos os que têm enunciado incompleto, como, por exemplo, "escreve"; fica por saber quem escreve. Já os completos são os que têm enunciado completo, como, por exemplo, "Sócrates escreve". Entre os ditos elípticos estão incluídos os predicados; nos completos por si mesmos estão incluídas as proposições, os silogismos, as interrogações (*pysma*), as questões (*erotema*). Acrescendo-se o caso ao dito incompleto "escreve", efetuada a completeza (*autotelia*), o predicado se evidencia antecipador da proposição e provedor de sua regra constituidora, pois não se acrescenta ao conceito, ou termo, nem decide sobre o que é completo: cerne da proposição, explicita a supremacia do modo, ou tropo, a essa restringindo a consideração do verdadeiro e do falso. Reduzido a complemento do dito incompleto, o caso não substitui, porém, a substância eliminada, heterogeneidade que repropõe, por sua vez, a exclusão do ser como cópula do juízo. Por isso, ainda, não se diz um conceito ou um termo, e sim um evento, ligado ao sentido da proposição ou da frase: a causa causa predicados; o efeito, efeitos; por corpos, de incorporais. Gerador de proposição, o predicado traz o que acontece, à diferença do caso que a completa, mas limitado, secundário, àquilo do que nela se trata. Considerados os ditos e os predicados, conclui-se que não há conhecimento do corpo por si, tão só do corpo como *certo modo se habens*, assim, disposição e ação, a que remete a carta de Sêneca a Lucílio, aqui citada no concernente à distinção entre dizer algo e falar a respeito de algo, a posicionar o dizedor diante do existente, do corpo como ele se tem: intersecção, pois, do *tygkhanon* e do *certo modo se habens*. Sobre o evento como sentido de proposição ou de frase, leia-se Gilles Deleuze, *Lógica do sentido*.

O jornalista do atual tudo dominado não apresenta os autores do golpe de 2016, mas participa na produção do alvo do pauerpointe acochambrado com o mesmo desvelo que põe em pé a cara e a coroa do monstrengo biface juiz-promotor. Tal jornalista pode supor que os sobejos desse judiciário contam menos do que os encomendantes ocultos, passíveis de chacota por seus pares abancados para o próprio interesse comum: a ostentação do nome próprio, *onoma*, pode, ou não, dar lugar à do nome comum, *prosegoria*, que significa essa comunidade expandida da rã ao boi, sempre, contudo, de classe. O que suporta o comum estoico, a qualidade própria nos enunciados livres de substância, assegura-lhes a coesão: dessubstancializar os enunciados significa retirar dos patrões a posição de autores, também nos registros policiais, no que o predicado, como se viu, os substitui, relegando-os a caso. Ainda, como a proposição, junção de um caso, não de um conceito, e de um predicado, se constrói como um dito completo com sentido de evento, *tygkhanon* e *certo modo se habens*, ou, abreviando na tradução, tenência, marcam o existencial e o atual, sem os quais se fica no conceito, no fantasma aeciano do infinito e do virtual, não no *logos*. Considerem-se dois exemplos de completeza proposicional tirados de Frédérique Ildefonse e de Jacques Brunschwig: dada a afirmação "Sócrates come o camundongo", a negativa não se escreve "Sócrates não come o camundongo", mas "Não/ Sócrates come o camundongo"; não há substância a que se aplique a negação, pois, prefixada, ela se aplica à proposição toda, tendo sentido completo, que domina as partes assimétricas, predicado e caso. O segundo exemplo, introduzindo o tempo, implica os mesmos referenciais: dada a afirmação "Sócrates morreu", proposição incorreta quanto ao passado por requerer o uso do nome próprio, assim, a existência atual do nomeado, no que o verbo no passado se configura paradoxal. A transcrição correta passa pela consideração do enunciado todo como uma flexão da proposição no presente, "Sócrates morre"; "prefixando-se o operador temporal diante da proposição no presente, o juízo de existência que este envolve em sua significação está no escopo do operador". "A paráfrase correta de 'Sócrates morre' não é 'existe atualmente um Sócrates, que morreu', mas 'houve no passado um momento em que era verdadeiro dizer: 'existe atualmente um Sócrates, que morre.'"

Desdobrando-se, a marcada percussão do político sobre a divagação da memória errática risca itinerários favoráveis aos encontros, em que os acasos e bons sucessos provam que no passado houve, discursivamente, um nome próprio, que, por coincidência, agora diz escrever e que, outro, mortificado sem documento de óbito, só não se separa do anterior porque o *pneuma* não expirou, nem os golpistas de 2016 conseguiram enterrar a justiça e a beleza do mundo. Longínqua, a aula inicial: definições, perigrafias, mas também hipografias ligam, pois não perdem as existências e as tenências, pelo aparecer compreensivo, as sensações e os pensamentos na plasticidade ágil do polvo. O tempo nos dois extremos, fantasmagórico como aparecente, não anula a atualidade, toda ela existente e tenente, em que o aparecer lógico, por transições e composições, constrói incorporais inextinguíveis. Opondo-se, duas setas temporais tensionam o fio da hipografia, alastradora de linhas de esboço que ultrapassam os limites da definição lógica sem deixar, contudo, de tê-la presente: pulsantes, as proposições repelem o sujeito psicológico e idealista, como também o substantivo, remetendo-o, como se viu, à secundariedade de caso. Com isso, o nome próprio cai e, na proposição, a lógica das implicações também prevalece sobre o tópico do verdadeiro e do falso, cujo recuo ressalta o gerativo nas frases e discursos. Entretanto, a identificação do autor, seja ele golpista, seja escritor, não dissolve a heterogeneidade da proposição, ligada como está ao predicado gerador. Não se excluindo o enunciado e o autor, tampouco eles se repelem no plano da definição de definição, hipografia, na qual o esboço entrança o político e a aula, que, diversamente entrelaçados, modulam-se segundo os tempos e as intervenciências do existente e do tenente, nunca afastados mesmo nos mais lógicos dos apareceres. Por isso, a direção autoral "quem?" (*pysma*), distinguida, como se viu, da questão (*erotema*), que se satisfaz com um simples sim e não, por se estender na resposta. Notável no Nietzsche das análises genealógico-morais que Michel Foucault distinguiu nos anos 1960, "quem?" acrescenta aos estudos da filosofia pré-socrática ou pré-platônica partes da filosofia ulterior, nomeadamente, estoicas, como nos tópicos, também pós-trágicos, do grande ano, do eterno retorno, da consumação pelo fogo, e, até, do *navruz* persa ou de tal ou qual passo búdico. Como o caso, no excluir a substância, torna-se, na proposição, complemento do dito incompleto a realçar o predicado, o acidente (*symbebekos*) passa a evento (*symbama*), no que o autor se perfila como caso. Émile Bréhier em *La Théorie des incorporels*: "Quando se negligencia a partícula 'é' e se exprime o sujeito por um verbo em que o epíteto atributo não é posto em evidência, o atributo, considerado o verbo todo, aparece não mais como a exprimir um conceito (objeto ou classe de objetos), mas apenas um fato ou um evento"; assim, em "Sócrates escreve", "Sócrates" vem como caso reto, formando com "escreve" um dito completo.

Configuração distinta da percussivo-divagante e da entrançada se delineia quando a política ultrapassa o ofício de balizar a memória e o de a ambas entrelaçar em estase diferenciadora, para distinguir a prática, a qual também abarca a aula em contraste com a poética, adstrita às artes. Como práticas, a aula e a política não implicam a superioridade de uma sobre a outra, tampouco a proposição de um terceiro que, exterior, a ambas ambicione dimensionar ou conter: em razão da heterogeneidade dos dois campos, assim, de duas doutrinas, afastam-se as positividades do homogêneo, inacessíveis no heteróclito e fulmináveis na negação ou, pelo menos, suscetíveis de suspensão do juízo. Apesar da diferença entre as duas práticas no concernente à intensidade da obstrução, que cala mais a política do que a aula, dominando a censura na imprensa escrita e quejandas televisões e rádios, o trabalho em classe também se ressente do emparedamento, seja pela cretinização burocrática, seja pelos bem-pensantes destinados a paralisar o pensamento. Para lá, porém, da diferença quanto aos efeitos destrutivos na política e na aula, as relações entre ambas se estreitam, singularidade decorrente da assimetria no referencial e da simetria na ação: uma se projeta sobre a outra, uma suporta a projeção da outra, e isso simultaneamente em seus respectivos rebatimentos. Nada se antecipando preceptivamente, nem se substancializando em um terceiro, ausente do dito estoico, que as transcenda, por mais que a política supere a aula em sofrimento, no rebatimento os planos de projeção diferem, mas essa diferença não impede sua intersecção, que os evidencia solidários a ponto de habilitá-los a conhecer-se e a agir em consequência. Estabelecida a isotimia na reta da intersecção, não se ergue obstáculo, nem grade que dogmatize escolarmente a política ou instrumentalize a aula com ordens exaradas do alto. Com isso, o político entra na aula como raio refratado e, em meio menos denso de propagação, explicita hiperbólica a lei dos senos, passando o governo a todos pertencer em aula, pois a sala, microcosmo estoico digno da écfrase de Luciano, descreve a política às avessas: mundo de cidadãos associados na pesquisa e no diálogo com repercussão da inteligência, outra inversão cômica lá fora, assim, no vazio do universo envoltório, incorporal.

Agradeço a Denis Molino e Carlos Matuck pela colaboração.

MARILENA CHAUI

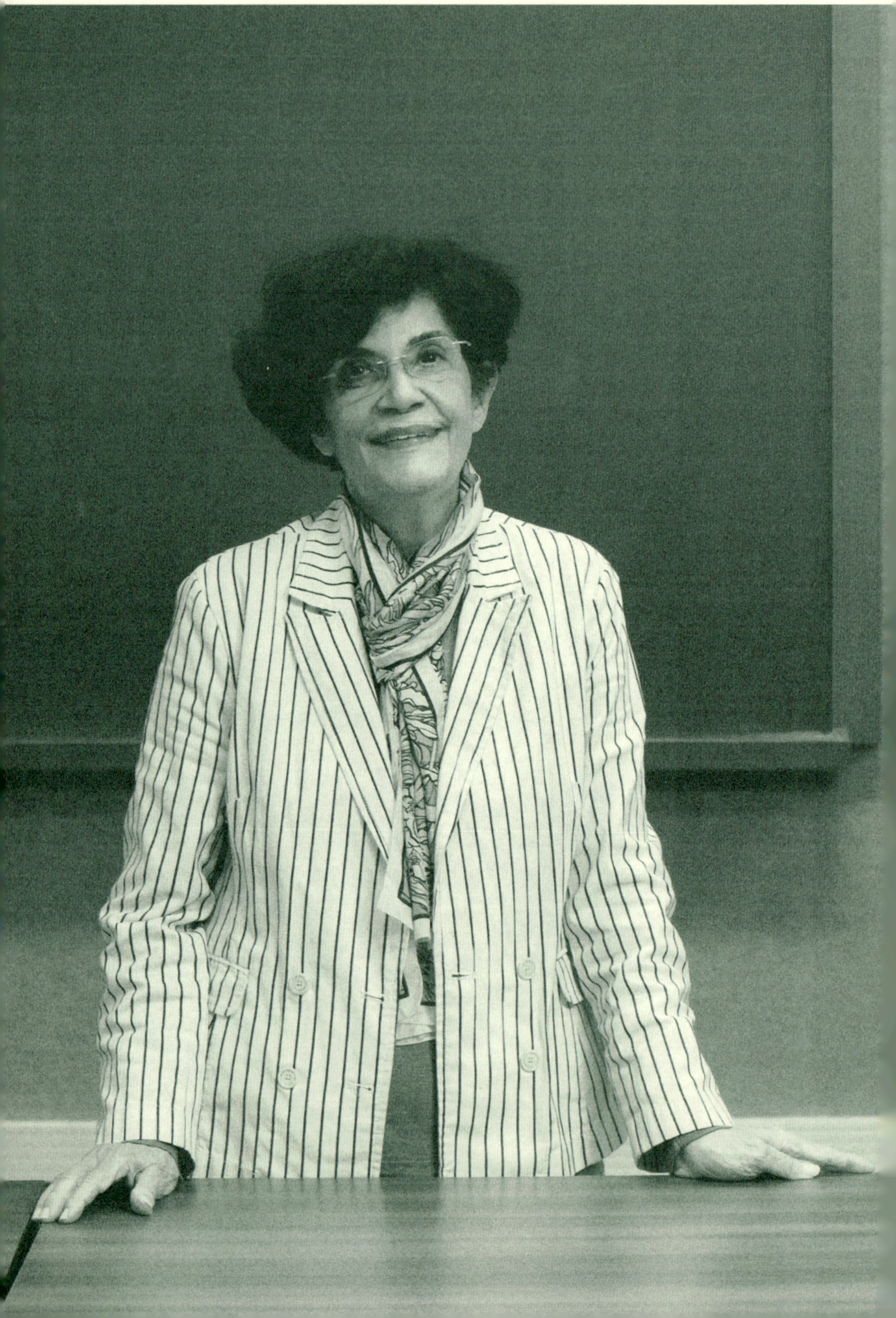

Venho de um tempo em que o que hoje é chamado de ensino médio se chamava ensino secundário, dividido em duas etapas: o ginásio, com duração de quatro anos, e o colegial, com duração de três anos, que preparava os alunos para a universidade e era dividido em clássico, para os alunos que iriam para as humanidades, e científico, para os alunos que iriam para as ciências e as técnicas.

Penso que minha decisão de fazer filosofia nasceu das aulas do professor João Villalobos, no curso clássico do Colégio Estadual Presidente Roosevelt. O professor Villalobos ministrou a uma classe de adolescentes de 16 anos um curso de lógica, em cuja primeira aula, sem qualquer aviso prévio, expôs o conflito entre Parmênides e Heráclito e, na segunda, a diferença entre a argumentação de Zenão e a de Górgias. Fiquei boquiaberta (e deslumbrada) com o fato de que o pensamento era capaz de pensar sobre si mesmo, que a linguagem podia falar de si mesma, que perceber e conhecer poderiam não ser o mesmo. O mundo se tornava, de uma só vez, estranho, paradoxal e espantoso, e a descoberta da racionalidade como problema parecia abrir um universo ilimitado no espaço e no tempo. Do professor Villalobos recebi não apenas o gosto pela filosofia, mas também o prazer de dar aula.

Minha primeira aula como professora não foi na faculdade. Fui professora, durante dois anos, no colegial do Colégio Estadual Alberto Levy. A experiência era muito gratificante porque os alunos estavam interessados, eram muito dedicados e você podia dar cursos completos e aprofundados, pois, no clássico, eram três aulas por semana, durante três anos; e no científico, duas aulas por semana, durante dois anos.

Tanto a minha experiência como estudante quanto como professora me fizeram ficar inconformada quando a filosofia foi tirada da grade curricular do ensino médio porque a ditadura a considerava subversiva e a substituiu por uma disciplina chamada educação moral e cívica. Contra isso, desde o final dos anos 1970 e durante os anos da década de 1980, fiz parte dos grupos de resistência e luta pela volta da filosofia ao ensino médio. Quando ela retornou como optativa, meu grupo criou um curso de formação de professores, pois, desde 1970, já não havia licenciatura em filosofia. Quando a filosofia voltou como disciplina obrigatória e foi recriada a licenciatura, escrevi um livro didático para o ensino médio, para auxiliar os novos e jovens professores, pois, na época, não havia bibliografia didática para filosofia. Eu me empenhei pelo ensino médio porque ali se encontra a sementeira, o instante no qual o professor desperta os adolescentes para a aventura do pensamento e para a alegria de pensar e descobrir o mundo.

Depois que defendi meu mestrado, em 1967, passei a dar aula no Departamento de Filosofia da antiga Faculdade de Filosofia, Ciências e Letras da rua Maria Antônia (hoje, Faculdade de Filosofia, Letras e Ciências Humanas, a "Fefeleche"). A minha incumbência, inicialmente, foram as aulas para o primeiro ano, na disciplina de Introdução à Filosofia. Para vocês terem uma ideia de como era a faculdade naqueles tempos, quando fiz o curso (de 1959 a 1965), as classes do diurno tinham seis alunos e, as do noturno, oito alunos. Quando dei o meu primeiro curso, em 1967, foi um espanto, pois as classes eram enormes: quinze alunos no diurno e dezoito alunos no noturno! Foi preciso até encontrar uma sala especial para abrigar tantos alunos. Dei um curso que me foi sugerido pelo Bento Prado, cujo título era Verdade e Evidência. Eu partia da concepção platônica e aristotélica da verdade, chegava a Descartes, com a noção de evidência e, depois, vinha ao Husserl e ao Merleau-Ponty. O curso era anual, com quatro horas de aula semanal. Por isso você podia, em um curso anual de quatro horas semanais, enfrentar esse programa. Mas não só por isso. O fato de os alunos terem feito o clássico no colegial os preparava para o curso da faculdade, não apenas por já terem tido aulas de filosofia, mas porque haviam aprendido latim, grego, francês, inglês e espanhol, podendo ler no original os filósofos e os comentadores. Além das aulas expositivas, havia seminários semanais, feitos pelos alunos com a supervisão do professor, e dissertações semestrais, que vinham corrigidas com anotações, críticas e sugestões do professor.

Venho da experiência de ter tido grandes professores na graduação e na pós-graduação. Fui aluna de Gérard Lebrun, Michel Debrun, Bento Prado, José Arthur Giannotti, Gilles Granger, Lívio Teixeira, João Cruz Costa. Esses professores nos inspiravam no momento em que nós nos tornávamos professores: para terem uma ideia dessa inspiração, seguíamos o modelo francês, portanto, escrevíamos as aulas.

Naquele tempo, ninguém datilografava, e as aulas eram manuscritas, com citações dos filósofos (no original) copiadas à mão.

Quando houve o golpe dentro do golpe, isto é, o Ato Institucional nº 5, em dezembro de 1968, nós perdemos professores que foram cassados pela ditadura – Giannotti, Bento – e os que se exilaram – como Ruy Fausto. Alguns professores haviam partido em 1968 para fazer pesquisas no estrangeiro – Oswaldo Porchat foi para os Estados Unidos; Paulo Arantes, Otília Arantes e Rubens Torres foram para a França, para preparar seus doutorados. Assim, em 1970, nós éramos, aqui, Gilda de Mello e Souza, Victor Knoll, João Paulo Monteiro, Luiz Roberto Salinas Fortes, Maria Sylvia Carvalho Franco e eu. Éramos seis professores. Nessas circunstâncias, eu já não dava, simplesmente, o curso de Introdução à Filosofia para o primeiro ano, mas passei a dar muitos outros cursos. Dona Gilda dava Estética; Maria Sílvia, Sociologia para a Filosofia; Victor, Estética, também; João Paulo, História da Filosofia Moderna, com ênfase nos filósofos ingleses; Salinas, Filosofia Política, com ênfase nos filósofos franceses. E eu, além da Introdução à Filosofia, fiquei com as aulas de História da Filosofia Antiga, Moderna e Contemporânea, Ética e Filosofia Geral. Não ousei a Lógica e a Filosofia das Ciências, pois eu era (e sou) quase analfabeta nessas áreas, mas o problema foi solucionado porque tínhamos um aluno extraordinário, que estava terminando o curso, iria fazer mestrado e entendia do assunto, Arley Moreno, que se tornou um monitor e dava aulas de Lógica e Filosofia das Ciências. Fomos auxiliados, nos seminários, por três outros alunos excelentes, que se tornaram monitores e, mais tarde, professores de nosso departamento: Armando Mora de Oliveira, Leon Kossovitch e Rolf Kuntz.

Essa situação absurda, imposta pela ditadura, fez com que a minha experiência se tornasse gigantesca, porque eu lidava com alunos recém-chegados, com alunos que já estavam no curso e com alunos que iam terminar o curso e fazer pós-graduação. E, evidentemente, nós também dávamos cursos de pós-graduação (Gilda, Maria Sílvia e eu, pois Knoll e Salinas ainda não haviam defendido seus doutorados)! Essa situação se prolongou por quatro anos, ao fim dos quais Salinas e Knoll defenderam os doutorados, os quatro monitores defenderam seus mestrados e se tornaram professores, os colegas que estavam na França regressaram, bem como Porchat, que voltou dos

Estados Unidos. Mas, mesmo quando o departamento se normalizou, e as disciplinas foram redistribuídas, sempre tive interesse, embora tendo como encargo os cursos de História da Filosofia Moderna, em dar aula para o primeiro ano, no curso de Introdução à Filosofia. Penso que não há nada mais gratificante do que acompanhar a mudança que vai acontecendo com os alunos. Começam escutando sem entender muito bem e, de repente, entendem, e você vê, pelo olhar, pelo sorriso ou pelo modo de tomar nota, que eles entenderam. Gosto do primeiro ano por isso, porque é um instante no qual os alunos fazem a descoberta da discussão filosófica, da multiplicidade filosófica; têm, pela primeira vez, o contato com a bibliografia, isto é, irão ler diretamente os próprios filósofos; farão seminários, isto é, irão falar; e irão fazer dissertações, isto é, irão escrever.

Meu interesse pelo curso para o primeiro ano também decorre do que aconteceu com o ensino médio criado pela ditadura, no qual, além de não haver filosofia, e sim educação moral e cívica, também não havia história e geografia, mas estudos sociais, não havia latim e grego, mas apenas rudimentos de inglês (raramente havia francês e espanhol) e rudimentos de literatura portuguesa e brasileira (muitas vezes, os alunos que aqui chegavam jamais haviam lido um livro inteiro). Os ingressantes chegavam, portanto, com uma formação muito precária. Vinham para o curso de filosofia porque, por algum motivo, tinham ouvido falar da filosofia por algum professor, amigo, parente, e haviam se interessado. Por isso, na primeira aula do curso de introdução, eu lhes dizia o seguinte: minha principal função, aqui, como professora do primeiro ano, não é, exatamente, transmitir a vocês alguns conhecimentos. A minha principal função é outra. Foi roubado de vocês o direito à expressão: vocês não aprenderam a escutar, falar, ler e escrever. Roubaram de vocês o direito à linguagem, sem a qual não há pensamento. Portanto, minha principal função, aqui, é ensinar vocês a falar, escutar, ler e escrever. Por isso, o conteúdo dos cursos se baseava nos textos em que diferentes filósofos haviam colocado em discussão a linguagem, o ato de ler ou o ato de escrever ou o de falar.

Circula, por aí, a proposta de um ensino da filosofia sem aulas. Para mim, isso é inimaginável. As aulas são o lugar desse aprendizado extraordinário que resgata aquilo que, primeiro, a ditadura, e, hoje, a multimídia, roubam dos jovens: o mundo da expressão, isto é, escutar, falar, escrever, pensar. Por isso, a aula de filosofia é insubstituível. Nos cursos de iniciação à filosofia, tanto no ensino médio como nos cursos universitários de Introdução à Filosofia, não importa muito quais os assuntos que o professor irá trabalhar, pois o que importa é a maneira como trabalhará esses assuntos para com eles criar, com e para os alunos, o acesso ao mundo da expressão, do qual estão sendo privados. As aulas de filosofia têm o papel de uma iniciação ao trabalho do pensamento e, portanto, se você não faz uma iniciação ao trabalho do pensamento, não só você não ensina filosofia, mas você não prepara ninguém para fazer pesquisa em filosofia. Se você eliminar as aulas, se eliminar essa formação, o acesso ao trabalho lento do pensamento não é realizado. Sem as aulas, o estudante perde o vínculo com o mundo da expressão, porque fica diante de uma tela que ele, passivamente, apenas manipula, perdendo o vínculo com a formação, que deve ser lenta e precisa ser feita dosadamente. Ao perder a formação, os jovens perdem o vínculo com a palavra (ouvida, escrita, falada, lida), tendo como efeito a diminuição e, mesmo, a perda da capacidade de expressão do pensamento. E, evidentemente, perderão qualquer possibilidade de uma pesquisa de qualidade. A defesa das aulas de filosofia faz parte da nossa condição de filósofos porque nós somos herdeiros de um mundo oral, feito de conversa. Eu me lembro da definição que o Bento Prado dava da filosofia. Ele dizia: "A filosofia é certo jeito de conversar." Como é que você conversa, se você não dá aula?

No meu primeiro dia de aula como professora universitária, apesar de ter tido experiência no curso secundário, não me impedia de dizer para mim mesma, com temor: "Eu não vou conseguir." Cheguei à sala, sentei diante da mesa, coloquei o texto da aula sobre ela e os meus joelhos tremiam como vara verde. Pensei: "Preciso ficar em pé, porque uma boa aula você dá em pé. Devo escrever na lousa. E como é que eu vou fazer? Porque estou em frangalhos, aqui." E comecei sentada. Mas, à medida em que fui falando, fui me entusiasmando. Vi que os alunos estavam interessados, que eles me olhavam com interesse. Aí, o joelho parou de tremer, fiquei em pé. Depois, escrevi na lousa. E terminei a minha aula ultrapassando em cinco minutos o tempo regulamentar. E isso virou uma tradição. Todas as vezes, os alunos diziam: "A gente vai para a aula da professora Marilena sabendo que vai durar cinco minutos a mais." E sempre duravam esses cinco minutos a mais (na verdade, isso acontece até hoje). Mas foi uma experiência que, em um primeiro instante, foi dilacerante, porque achei que não ia conseguir, que ia dar uma aula ruim, medíocre, sem interesse para os alunos. Mas, graças ao fato de, ao estar na sala de aula, receber de volta, pelo olhar, pela escrita dos alunos, que aquilo fazia sentido para eles, me recuperei. Sempre digo que devo minha atuação, como professora, aos alunos. Foram eles e sempre são eles que despertam, primeiro, o tom da aula. Embora eu possa estar dando o mesmo conteúdo no período diurno e no noturno, nunca dou a mesma aula, porque a aula é compassada e articulada pelos alunos, por uma pergunta que é feita, pelo modo como eles estão anotando, pelo interesse nisso ou naquilo, pelo modo como eles se entreolham. A aula muda, o ritmo da aula muda. Faço acréscimos, cortes. Assim, cada aula é *uma* aula, embora ela esteja escrita. Tenho gavetas e gavetas de aulas escritas porque, durante quarenta anos, escrevi as minhas aulas, como fizeram meus professores. Embora elas estejam escritas, cada aula, como um *acontecimento*, era e é, sempre, diferente. A minha escrita era e é o roteiro da aula, mas esta acontecia e acontece graças ao que se passa em classe.

Tive uma experiência interessantíssima, que durou uns quatro anos, nos meados dos anos 1970, quando eu e alguns alunos decidimos que íamos lutar contra o autoritarismo, mas entendendo que o autoritarismo *não estava lá fora, estava aqui dentro*, e que nós, professores, éramos autoritários. Os alunos corroboraram, disseram: "São todos autoritários, o curso é autoritário. Nós vamos democratizar o curso." Para isso, a primeira afirmação que fizeram foi: "Acabou a aula expositiva. Só vai haver seminários e vamos discutir se vai haver trabalho escrito no final." Concordei. O primeiro semestre transcorreu com os seminários feitos por eles, que aceitaram que eu desse os temas. E foi assim nas várias disciplinas que eu ministrava na época (como já lhes contei). Os alunos faziam os seminários, discutiam entre eles, faziam leituras. Quando foi chegando o final do semestre, disseram: "Sabe, professora, a gente acha que não 'amarrou'. Está tudo muito fragmentado. Está tudo muito desamarrado. A senhora não quer dar uma aula amarrando tudo o que vimos nos seminários?"

Falei: "Bem, agora vocês estão pedindo a aula. Então, não é um ato autoritário meu dar a aula." E dei a aula. Depois dela, concluí: "Agora, vou pedir uma dissertação." Em cada semestre, isso acontecia: não havia aula expositiva e, depois, vinha o pedido de uma aula; e, por fim, havia a dissertação. Chegados a esse ponto, os alunos faziam uma assembleia para decidir se fariam ou não a dissertação. Partiam do princípio de que era autoritário pedir uma dissertação e mais autoritário ainda a professora dar o tema da dissertação. A decisão era clara: "não vamos fazer". Entretanto, uma parte da classe achava que precisava fazer, porque é preciso ter uma avaliação do percurso que você fez. Tinha início uma longa discussão, em várias assembleias, até que eu era chamada por eles: "Olha, professora, é o seguinte: há uma parte aqui que é contra a dissertação, porque ela é autoritária. E há uma parte que quer a dissertação, porque acha que é um modo de fechar o percurso. Então nós queremos saber se uma parte pode fazer dissertação e outra parte pode não fazer dissertação." Eu respondia: "Tudo bem. Uma parte vai fazer dissertação e outra parte não vai fazer dissertação. A única coisa que eu pergunto a vocês é: eu preciso, oficialmente, dar uma nota, e preciso saber como é que eu vou dar essa nota." Veio uma proposta (que viria muitas outras vezes em outros semestres): "E se a gente fizer dissertação em grupo?" Concordei. Mas as discussões recomeçaram e foram feitas várias assembleias para decidir se iam ou não fazer a dissertação em grupo, se iam ou não fazer uma dissertação. Fui novamente chamada: "Professora, nós não conseguimos tomar uma decisão. A senhora decide. O que a senhora decidir, a gente concorda." Minha decisão era óbvia (e, no fundo, eles sabiam disso): "Então, vocês vão fazer uma dissertação." Isso aconteceu durante três ou quatro anos seguidos. E eu sabia o que nos esperava quando ia chegando o começo de junho ou o começo de novembro: eu seria chamada para dar uma aula que coordenasse e juntasse tudo o que haviam feito durante o semestre; haveria um conjunto de assembleias contra o autoritarismo da dissertação e, finalmente, a decisão de fazê-la.

O que era fascinante era o instante em que eles sentiam que, sem a aula, não funcionava. Nem que fosse uma única aula, era preciso aula, porque ela é que "juntava" todos os pedaços, todos os fragmentos, dava sentido ao que eles próprios haviam feito por si mesmos.

Assim, mesmo durante certo período, quando os alunos, em um gesto de criação democrática, se insurgiram contra o autoritarismo das aulas expositivas e do curso, mesmo então eles quiseram as aulas. E, depois, quiseram as dissertações. Ou seja, há um instante em que, se você não tiver a aula e não tiver um trabalho escrito, você fica na total dispersão. Eu acompanhava todas essas propostas. Durante os seminários, ficava no fundo da sala, com o meu caderno, e anotava tudo. Às vezes, eles chegavam a um impasse. Mas eu ficava quieta. Pensava: "Se eu disser qualquer coisa, vão dizer que é autoritário." Ficava quieta, até dizerem: "Tem esse impasse e precisa ser resolvido. Professora, como é que a gente resolve esse impasse?" Só então eu falava. Nunca falei sem ser convidada. Aos poucos, devagar, eles foram chegando à ideia de que era preciso mesclar o que o professor podia trazer com as aulas e o que eles podiam trazer com os seminários e com a dissertação. E a dissertação lhes aparecia, assim como os seminários, como iniciação à pesquisa. É isso o que a dissertação e os seminários são: uma iniciação à pesquisa supervisionada pelo professor. Portanto, ao contrário do que andam dizendo por aí, a docência não minimiza a pesquisa e, sim, inicia os alunos à pesquisa. A aula faz isso.

    O preparo de uma aula, para mim, começa com a decisão sobre o tema. E mesmo que, alguma vez, eu já tenha dado algum curso sobre um determinado filósofo ou um determinado assunto, meu princípio é não repetir, mas fazer variações (cortes ou acréscimos) em função da nova classe, dependendo, portanto, do nível em que os alunos estão (em qual semestre, e se o curso é de graduação ou pós), pois é preciso medir o volume da informação e da bibliografia. A partir dessas decisões, faço as minhas leituras, recolho o meu próprio material, o que já escrevi sobre o assunto, outros cursos que dei. Enfim, tudo de que disponho sobre o tema. E procuro consultar e oferecer aos alunos uma bibliografia nova, sempre que possível (muitas vezes, durante o curso, as solicitações e perguntas dos alunos levam-me a fazer acréscimos na bibliografia). E, então, escrevo o curso. Faz vários anos que, em vez de levar a citação já escrita no corpo do texto da aula, levo os livros e faço as citações no momento em que são necessárias, de maneira que isso também seja uma maneira de ensinar aos alunos a lidar com a bibliografia. Escolho os textos para os seminários semanais e, no primeiro dia, costumo já apresentar o tema da dissertação final. De um modo geral, é claro que, depois de tantos anos de experiência, sei o tempo que a aula vai durar. Em nosso departamento, uma aula dura duas horas, com um intervalo de quinze minutos. Por isso eu sei, por longa experiência, o quanto preciso ter de material para as minhas duas horas (e mais os cinco minutos de praxe). Muitas vezes, ocorre que uma pergunta feita durante a aula me tire totalmente do roteiro previsto. Nesses casos, não tenho nenhum problema: abandono o texto que está preparado, abandono o roteiro e sigo outro percurso, a partir da pergunta, a qual, aliás, acaba suscitando novas perguntas de outros alunos. Ou seja, improviso a aula a partir daquilo que os alunos colocam. Outras vezes, acho que aula está claríssima, mas é interrompida por alunos dizendo que não entenderam isso ou aquilo, me fazendo perceber que havia ideias ou argumentos anteriores que precisariam ser explicados para que um determinado conceito ou percurso argumentativo fossem compreensíveis. Interrompo o meu percurso e começo em outro lugar. Na verdade, a aula, nas várias modalidades em que ela se desdobra, é sempre um acontecimento, para mim. Ela nunca é aquilo que vou realizar, do começo ao fim, conforme trouxe por escrito. Não. Ela acontece. E isso também ocorre porque, mesmo tendo a aula escrita, abro parênteses. Estou falando sobre um determinado assunto e penso: "Eu poderia ilustrar isso com o romance x, ou com o filme x, ou com a peça x, ou com o poema x, ou com artigo de jornal x." Digo aos alunos: "Vou abrir um parêntese. No filme tal..." E, quando vejo, a aula acabou! Enfim, o "roteiro" escapa, a aula dada não é exatamente a que está escrita, seja porque abri vários parênteses, seja porque os alunos fizeram perguntas, seja porque discordam do modo como estou expondo.

Penso que nasci para ser professora. É o que sei fazer e o que gosto de fazer. O núcleo da minha vida intelectual, o núcleo da minha vida filosófica é ser professora. E é por isso que as aulas acontecem como elas puderem acontecer. Embora sempre considere que os alunos merecem o respeito do professor, e que o professor tenha de vir com uma aula preparada – e bem preparada –, também faz parte dela o improviso, uma direção nova e inesperada. Considero dar aula uma alegria. Porque eu também acho uma alegria assistir a uma aula, sabe? Assistir a outro falando coisas em que eu nunca tinha pensado, coisas que nunca tinha ouvido, é fazer a experiência da descoberta de algo novo.

Quando me perguntam o que considero necessário para uma boa aula, costumo responder que uma boa aula tem quatro requisitos. O primeiro é que ela esteja bem preparada e que, se você sair do roteiro que preparou, esteja em condições de fazer isso. Mas ela tem de estar bem preparada, isto é, precisa estar escrita, porque é pedagogicamente importante que os alunos compreendam o ato de escrever, que antecede o de falar.

Em segundo lugar, uma boa aula é aquela na qual você tem a percepção de que estabelecerá um movimento contínuo de pensamento, e que um conjunto de aulas é necessário para que um determinado conceito, um determinado problema, uma determinada questão possam ser tratados, pois, pedagogicamente, é preciso que os alunos percebam o movimento interno de uma argumentação fundamentada. Cada aula é um momento de um percurso, que é o conjunto de todas as aulas sobre uma determinada questão, um determinado conceito, um determinado filósofo; ela é parte de um conjunto maior, que lhe dá sentido.

Em terceiro lugar, uma aula é boa quando, ao começar a sua exposição, os alunos não só se recordam do que você disse na aula anterior e percebem a continuidade do percurso, como também se sentem capazes de fazer perguntas, mostrando que acompanham o que você está expondo e o interesse que eles têm pelo que você está falando. Por isso, o terceiro requisito da boa aula é despertar, nos alunos, o interesse por aquilo que lhes está sendo trazido pela exposição. Você percebe esse interesse não só pela maneira como tomam notas, mas também pelas perguntas que lhe fazem.

O quarto requisito é que a aula seja condição do bom resultado que surgirá no trabalho que os alunos apresentam no final do curso. A qualidade do trabalho dos meus alunos exprime, para mim, a qualidade do meu curso. Muita gente pensa que, sendo rigoroso na correção, você está se referindo ao trabalho que o aluno fez como se fosse exclusiva responsabilidade dele. Não vejo assim. A qualidade do trabalho que ele me trará depende do empenho e do esforço dele, mas também da qualidade do trabalho que eu fiz para ele e com ele. A avaliação de um trabalho final (seja uma dissertação, seja um seminário) é, também, a avaliação das aulas ministradas.

Esses quatro requisitos indicam algo que considero importante: a prática da aula tem a capacidade de mudar o professor. Se o professor não estiver atento à novidade de cada uma das classes, se não perceber que, a cada vez, são outros alunos – pois, mesmo que alguns já tenham assistido a um curso seu, o momento é outro –, se ele não tiver sensibilidade para perceber que algo novo está aí, então ele não se transforma, apenas repete o que ele já fez. A prática da aula modifica você por causa da relação com os alunos. São eles que determinam se o percurso que você está fazendo é um bom percurso, se a escolha do tema que você fez é boa, o que ficou faltando, o que suscitou algo novo.

A docência é o lugar da formação, e a pesquisa é consequência da formação. Não substitui a formação e não se realiza sem uma boa formação. Entendo a docência como formação. É isso que ela é, para mim. Não é uma informação, nem uma correia de transmissão de informações. Ela é um *insight* formador, forma o pensamento. Por isso ela é insubstituível, em qualquer século.

O esvaziamento da aula é um esvaziamento do trabalho do pensamento, não é? Porque o trabalho do pensamento é uma interrogação indeterminada, infinita. Costumo dizer que a boa aula é aquela cujo conjunto oferecido não termina, mas abre para um novo conjunto de aulas. Ou seja, ela convida à indeterminação da obra de pensamento. Merleau-Ponty tem uma frase muito bonita sobre a obra de arte, que uso para a obra de pensamento. Ele diz:

> Sei quando uma obra é grande: quando há, nela, um excesso entre aquilo que o artista queria fazer e o que ele efetivamente fez. Não é que falte alguma coisa e, sim, pelo contrário, é que ela excede o que ele fez. E é esse excesso que os artistas seguintes captam e a que dão continuidade, mesmo quando rompem com ela. Uma obra é grande quando tem, dentro de si, um excesso que cria uma posteridade.

Considero que o mesmo vale para a obra de pensamento. Ela é aquela que, ao pensar, faz pensar e dá a pensar porque traz um excesso de pensamento, aquilo que não foi pensado por esse pensador, mas que, sem o que ele pensou, nós não poderíamos pensar em algo mais ou em algo novo. A obra de pensamento é grande quando ela abre uma posteridade, pelo excesso que carrega dentro de si.

E acho que uma boa aula é um conjunto de aulas indeterminado, interminado e interminável, que carrega, sempre, um excesso que outros transformarão em novas aulas, inteiramente novas, mas ligadas àquelas que lhes deram a ocasião para nascer. Os cinco minutos a mais.

OLGÁRIA MATOS

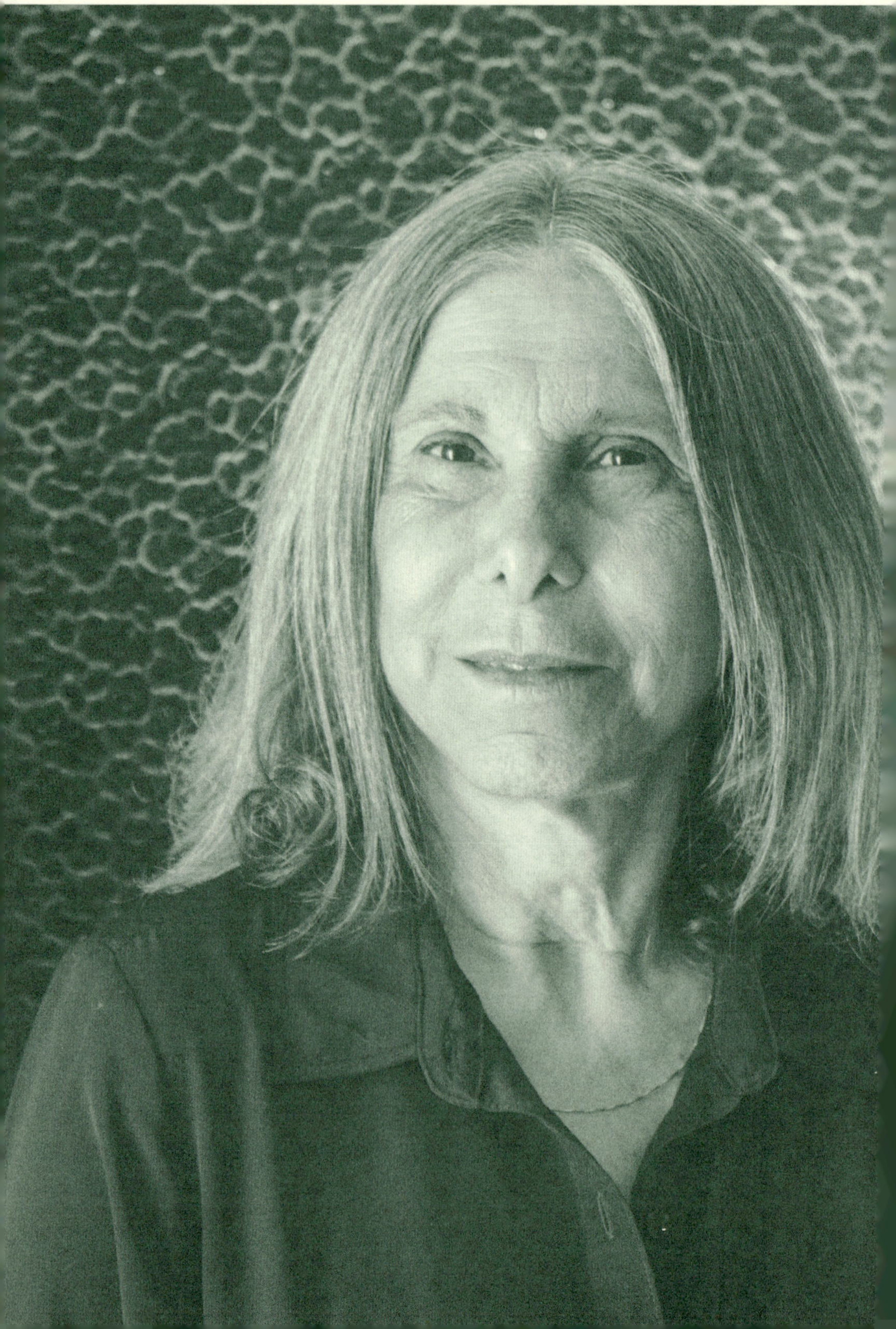

Eu me lembro de minha primeira aula como professora universitária. Estava muito insegura, porque era uma menina. A diferença de idade com os meus alunos não era muito grande. Era uma sala de aula do primeiro ano, muito numerosa. Era, então, doutoranda, e minha orientadora, Marilena Chaui. E a Marilena assistiu a essa minha primeira aula. Então, estava realmente sob tensão – embora, na verdade, Marilena estivesse presente, lá, para me dar um apoio. Eu tinha experiência como professora do antigo segundo grau, mas você dar uma aula universitária, naquele momento, era uma responsabilidade, porque você tinha consciência de tudo o que requeria ser um professor universitário: o tipo de cultura geral, o tipo de atitude, a maneira de transmitir o conhecimento, o rigor na preparação da aula – que muda muito, em relação ao segundo grau, em que você tem a disciplina já com os conteúdos fixos e, então, pode se valer de um bom manual e dar uma sequência cronológica.

Esse primeiro curso foi sobre Rousseau e a questão do Iluminismo. E, na minha tese sobre Rousseau, eu não tinha trabalhado a questão do Iluminismo. Fiz uma análise interna do *Segundo discurso*, o *Discurso sobre a origem e os fundamentos da desigualdade entre os homens*. E ali, na aula, devia inscrever Rousseau no Iluminismo. Eu tinha, na época, já uma ideia de que Rousseau era um contrailuminista, na Época das Luzes, no *Segundo discurso*, diferentemente de em *O contrato social*, porque justamente o foco da análise da desigualdade não é a questão econômica, a questão política ou a questão social, mas era fruto de certo exercício de uma razão de dominação.

Então, estava insegura quanto ao tema – porque você tem de preparar semanalmente cada aula. É uma bibliografia muito extensa, a que usei para preparar a primeira aula. Eu sentia não que estivesse sendo avaliada, mas me avaliando a mim mesma, naquilo que era requerido pela instituição e por mim mesma, para estar no posto em que estava. Mas foi uma aula muito feliz, porque me senti bem, não me senti bloqueada, a aula fluiu. Fiquei muito feliz e, a partir daí, tudo foi sempre muito bem, como professora.

Em um dos cursos de pós-graduação que ministrei, a minha especialidade era a Escola de Frankfurt e, sobretudo, o Adorno e o Horkheimer, a *Dialética do esclarecimento*. Mas, invariavelmente, as perguntas recaíam sobre Walter Benjamin. E, para responder às questões sobre Walter Benjamin desse curso de pós-graduação, precisei estudá-lo, e acabei me dedicando muito mais a ele do que a Adorno e a Horkheimer. E isso é interessante, porque era o tema da Filosofia da História, mas fui percebendo que não havia uma única concepção de história no pensamento de Walter Benjamin, e que há vários Walter Benjamin. Acho que ele tem heterônimos, como o Fernando Pessoa. Há o Benjamin romântico, o Benjamin marxista, o Benjamin messiânico, o Benjamin pessimista, o Benjamin surrealista. Então, acabei estudando, me aprofundando no pensamento de Walter Benjamin por conta dessa turma, nessa aula de pós-graduação que ministrei na USP.

Acho que uma das aulas mais marcantes que dei foi na época em que escrevi o ensaio sobre a melancolia de Ulisses. Porque havia trabalhado o tema da melancolia em Descartes, no século XVII, e a questão da melancolia no barroco, que era um tema de Walter Benjamin. E, quando apliquei essas categorias para pensar a *Odisseia*, foi uma circunstância muito grande, porque me senti muito emocionada, e acho que teve tanto impacto, esse ensaio que escrevi para *O sentido das paixões*, organizado por Adauto Noaves, que depois isso virou matéria de jornal, virou tema de vestibular. E percebi que a turma se interessou muito. Porque era muito novo introduzir, no Departamento de Filosofia da USP, o tema da melancolia como paixão política. Não era muito comum na História da Filosofia, e a Ciência Política trabalhava a questão política mais no plano das categorias do contrato social, das questões mais conceituais. E as paixões não entravam muito como determinantes. Então, essa foi uma aula que me marcou mesmo.

Se algum aluno me marcou? São vários. Posso citar alguns de memória. Por exemplo, o Elvis Bonassa, o Marco Chiaretti – que, depois, trabalhou na *Folha* –, o Fernando Barros Filho, o Matinas Suzuki, o Rodrigo Naves, entre outros queridos ex-alunos e amigos. São muitos alunos que marcaram e permaneceram meus amigos aí, ao longo da vida. E ainda são.

Tenho a impressão – sei lá, nos anos 1968, 1970, toda a época de luta contra a ditadura – de que você tinha uma relação com o conhecimento, você tinha um reconhecimento da sociedade de que a universidade era algo importante, porque o intelectual tinha uma função pública. Não ideológica, mas justamente crítica. O que é a função crítica? É poder estar dentro e fora da crise, numa certa atopia, para poder reconhecer todos os aspectos da crise. Então, você não estava imerso em uma luta ideológica. Quer dizer, como cidadão, você pode tomar partido. Mas como intelectual, a sua função é a de analisar e auxiliar as pessoas a pensar por si mesmas.

Walter Benjamin fala que crítica é uma questão de correto distanciamento. Quando você está imerso nas crises de um partido, você não está com distanciamento nenhum. Então, a respeitabilidade, que o intelectual tinha, era por sua autoridade "moral". E essa autoridade fazia com que a palavra fosse responsável justamente porque ela não era uma palavra maniqueísta. E os estudantes e professores faziam parte justamente de um mundo comum, compartilhado, que era o dessa complexidade dos saberes. Então, era uma luta comum, pelo conhecimento comum que era transmitido. Hoje, os estudantes consideram os professores inimigos. Porque o mundo está tão simplificado, que se introduziu o marxismo vulgar dentro da universidade, e se considera a universidade como um lugar de luta de classes entre alunos, professores e funcionários.

Então, o estudante e o professor estão em campos opostos e, portanto, o professor é o inimigo principal. Os estudantes não ouvem os professores quando se trata de crises, porque eles já têm certezas sobre todas as coisas que pensam. Portanto, não se beneficiam da dúvida, em momento nenhum. Porque a filosofia é o ensino da prática da dúvida, que você não aprende em poucas horas ou escassas semanas. Então, existe esse enrijecimento do pensamento, eu chamaria de uma regressão do pensamento. Porque os estudantes – digo, esses que são os ativistas e que, portanto, são os que acabam falando por uma maioria que fica passiva diante desse discurso tão pronto – se outorgam o direito de falar pela universidade.

Para dar um exemplo, em uma das greves, eu estava dando aula e os estudantes interromperam para chamar os alunos para uma assembleia. E, como era o começo do curso da Unifesp, obviamente, como são estudantes que vêm, a maior parte, da periferia, da Zona Leste etc., eles estavam curiosos para continuar na aula. E eles não quiseram interromper a aula. Votou-se quem queria interromper a aula e ir para a assembleia. Os estudantes que haviam interrompido a aula e desejavam a paralisação que a classe recusava começaram a bater panelas etc., e eles cassaram a palavra. Eles simplesmente impediram a aula. Conversei com eles e disse: "Olha, vocês têm todo o direito de convencer os seus colegas, no corredor, da importância de participar da assembleia, para decidir se haverá greve ou não. Mas vocês não podem impedir que eles estejam em sala de aula." E eles me disseram o seguinte: "Mas o que é que interessa esse conhecimento burguês que você está transmitindo?" Aí, eu falei para eles: "Qual é o outro conhecimento?" "Ah, não. Nós queremos uma universidade para os trabalhadores e para os filhos dos trabalhadores." "É isso?" Quer dizer, é de uma confusão mental enorme. Quando se pretende politizar a instituição universitária, uma instituição acadêmica, você destrói a instituição, porque você a instrumentaliza para fins particulares de uma tendência ou grupo de pressão.

O exemplo da Universidade São Marcos, em Lima. Uma excelente universidade. Aí, só entravam professores marxistas, nas décadas de 1970 e 1980. Depois, como havia dissensões entre os marxistas, começaram a se excluir, entre os marxistas. Depois entrou o Sendero Luminoso e, aí, acabou a universidade. Hoje não sei como ela está. Então, você tem de evitar esse tipo de instrumentalização da universidade por partidos políticos. Porque a política universitária é diferente de uma politização em uma universidade. A política universitária é a autonomia universitária, e não uma instrumentalização ideológica da instituição. E, hoje, esse afastamento entre professores e alunos vem dessa tendência a transformar a universidade em um meio para outros fins. Quer dizer, a vida acadêmica não é mais um fim em si mesmo. Ela é um meio. E, aí, são os meios políticos para a carreira política, a tomada do poder, enfim, todas as variantes ideológicas e de ascensão social que se tem.

Se percebia um compromisso maior dos estudantes com o saber, quando comecei? Ah, você diz, desde a USP? Olha, mudou muito. Porque, na época, você tinha um interesse real pelo conhecimento. Quer dizer, até poderia haver uma ideia de profissionalização, mas você tinha – desde cedo, desde os primeiros anos em que lecionei – muitos alunos que já eram formados em outras áreas, já eram profissionais, e que vinham procurar justamente na filosofia um fortalecimento dos conhecimentos – e percebiam a importância de uma fundamentação das práticas que eles mesmos tinham, como médicos, como engenheiros, como comunicólogos. Hoje, você vê o interesse na filosofia por acharem que ela vai lhes dar uma fundamentação ideológica para o que eles querem fazer. Por exemplo, eles chegam com teses sobre o racismo brasileiro. Aí, você começa falando: "Mas, escuta, como é que a sua tese pode partir do pressuposto, da ideia, se você nem se pergunta o que é racismo, qual a diferença entre preconceito e racismo? Há pontos comuns? Sim, mas não são a mesma coisa. Será que a sociedade brasileira é mais racista ou preconceituosa?" Vejo uma tendência a só aprofundar o que a pessoa já pensa. E ela toma um projeto de tese já como algo definido do ponto em que vai chegar. Quer dizer, nem sabe que, ao fazer mais leituras, ao estudar mais, talvez possa até mudar o projeto e o ponto de vista. Mudou muito, do final dos anos 1970 – quando comecei a lecionar – para hoje. Você tem, me parece, um empobrecimento cultural muito grande. Hoje, os estudantes não se sentem obrigados a ter um conhecimento da cultura do texto do qual eles vão ser os analistas. É como se houvesse um especialista, mas como se o especialista fosse aquele que, no final da especialização, não percebe o mundo comum ao qual pertence aquela especialidade. Então, é o especialista inculto.

A aula é o momento mais importante na formação do estudante. O único, porque é na sala de aula que o estudante recebe uma transmissão de uma maneira de ler um texto, de refletir sobre ele, de estabelecer as relações entre os vários textos de um autor, no período em que aquele texto se inscreve, as intenções subjacentes do filósofo, a quem ele se dirige, contra quem ele falava. Então, tudo isso se aprende na sala de aula. Porque é a partir daí que você vai poder ler a bibliografia, ler o autor, ler a bibliografia crítica e começar a diferenciar as várias interpretações que existem sobre o pensamento do autor. Isso, é pelo modelo de aula a que ele assiste, e que ele aprende, que ele pode compreender. E, depois, assimilar à sua maneira – ou as próprias relações que ele estabelece com o que recebe do professor para, depois, poder ter autonomia de pesquisador.

A aula é, também, uma maneira de ensinar uma ética em relação ao conhecimento. Isso porque se tem uma atitude com relação ao conhecimento que não é uma atitude de assertiva, não é uma atitude de julgamento, mas é de compreensão. Então, você vê muito, no começo dos trabalhos que você pede – isso, também desde os anos 1970: "Ah, Herbert Marcuse acertou aqui, errou ali." Aí, você tem de explicar para o estudante que ele tem 18 anos, 20 anos, e que ele está começando a ler, e que aquele filósofo que ele está lendo estudou, durante quarenta, cinquenta anos, uma tradição que tem mais de 2.500 anos, no mínimo. Então, o estudante ainda não tem condições de avaliar. Não tem um repertório para dizer se o filósofo errou ou acertou. Esse é o primeiro ponto. O segundo: a função do estudante é tentar compreender o que o outro pensou, como pensou e por quê. E não julgar se ele errou ou não, porque ele não tem, ainda, o repertório para saber se o autor errou ou não. Você precisa mudar o ponto de vista, o que é uma leitura filosófica, de um filósofo, e o que é uma leitura de estudante em formação. O que é uma dificuldade, não é? Existe uma tendência a já tomar partido. Todo o esforço da filosofia é essa desmontagem de um impulso de indignação que, às vezes, você tem com certas coisas que contrariam as suas convicções. E, aí, mostrar, inclusive, que no século XVII não existiam direitos humanos, por exemplo. Que o anacronismo é um risco que você não pode correr – transferir para um outro período de história a sua experiência do presente. Quer dizer, o estudante tem de estar, ao mesmo tempo, nos dois períodos históricos. Para estudar a Idade Média e tentar compreendê-la, você tem de ser um pouco medieval. Mas você só consegue ser medieval porque você é um contemporâneo do seu presente. Então, esse trânsito das épocas e entre autores etc. é um exercício ético. Porque você rompe a questão do *parti pris*. Desse apriorismo. Do pré-conceito com relação ao conhecimento. Porque, senão, o mundo já fica dividido como na Academia de Moscou. Platão é o filósofo burguês e inimigo do proletariado. Então, todos os filósofos são burgueses e inimigos do proletariado. Porque se você coloca tudo em um registro de que o mundo se resume a uma luta de classes, e que o fator econômico determina tudo, ou então a sexualidade, como em Freud etc., então já está tudo resolvido, não é? É mais fácil, tranquiliza, mas não é o conhecimento.

Como é o meu trabalho de preparação para as aulas? Vou falar do que era e do que é. Quando comecei a lecionar, havia poucos estudantes na pós-graduação, porque ela mal estava começando. Então, o tempo do professor era o tempo dedicado à preparação da aula. Você passava a semana inteira lendo, às vezes, dez, quinze livros – e aproveitando um parágrafo. E, ainda, o tempo de redação. Então, você pode perceber que, até um certo momento, os professores – não só no Brasil, mas em qualquer outro país – publicavam volumes e brochuras sobre um tema. Hoje, você só tem, na maioria das vezes, ensaios publicados. É tão interrompido o conhecimento – quer dizer, você não consegue mais fazer da sua pesquisa a aula que você dá. Então, a sua aula era a sua pesquisa. Portanto, você tinha um aprofundamento das questões. Depois, os cursos eram anuais. Portanto, você tinha como aprofundar um tema. E, normalmente, isso poderia, depois, se transformar em um livro. É claro que a aula é muito mais restritiva do que uma pesquisa que você desenvolve para publicar como livro, porque você tem de interromper, o que você transmite na sala de aula é limitado, é o tempo dessa aula. Mas, vamos dizer, a espinha dorsal de um livro estava dada na sala de aula, porque você preparava, cada semana era quase um ensaio que você tinha de preparar para transmitir para os estudantes. Você tinha tempo, você tinha oito horas por dia – ou, às vezes, mais, quando se estava muito imerso no tema – para preparar a aula. Você não tinha interrupções do cotidiano. Hoje, você está preparando uma aula, tem de interromper para a reunião, para a banca de tese, para congresso, para resolver problema de falta de água, para ver o problema de conflito em sala de aula. Portanto, você tem inúmeras coisas. Fora que você tem de preencher coisas na Plataforma Lattes, fora ter de preencher formulários na internet, fora ter de escrever as ementas dos cursos. Tudo aquilo que tinha um secretário para fazer, agora é o professor quem faz. Então, você tem tanta interrupção que a sala de aula, o tempo de preparação da aula, é o mais exíguo possível – quer dizer, aquilo que é o mais importante da vida de um professor, que é a presença em sala de aula, não só por uma ética da leitura, mas por uma ética da convivência entre os estudantes. Porque a sala de aula não é um lugar só de transmissão do conhecimento, é uma maneira de convivência pública e de criação de amizades, solidariedades e confiança entre colegas, onde amizades vão se estabelecer, contatos vão durar ao longo da vida. Então, para isso, que é o mais importante, hoje é o que tem menos tempo reservado.

Como lido com a apatia ou indiferença dos alunos? Olha, não

diria apatia e indiferença. Acho que existe uma passividade maior, quer dizer, existe uma diferença entre os alunos que tomam a palavra para atacar o professor, querendo atacar o saber. "Não gosto da Revolução Francesa!" – é um tipo que recusa o conhecimento. É melhor não saber do que saber. Existe uma ideologia anti-intelectual hoje. E pretensamente fundamentada na ideia de que é tudo europeu e, então, tudo o que é europeu não vale a pena, nós temos de nos ler a nós mesmos. Existe uma espécie de regressão pseudochauvinista e pseudonacionalista, que ataca todo o saber. Porque o saber é universal, ele não pertence nem à Europa, nem à África, nem à Ásia, nem à América, nem à Oceania. Não. O saber é difundido, são várias formas de conhecimento. Então, você tem um ataque, que é esse que não é passivo, porque está questionando não só o que você está transmitindo, mas o conteúdo que você está transmitindo. Eles só querem aula daquilo que é da moda, dos *lobbies* contemporâneos. É a filosofia do feminismo, que não tem nem fortuna crítica para ser filosofia, embora o tema da mulher esteja presente em toda a história da filosofia, na literatura, na história, na política, nas ciências. Mas, enfim, inventou-se a categoria "filosofia do feminismo", que caberia melhor, neste momento, em cursos de antropologia, sociologia etc. E inventou-se a categoria "filosofia do racismo", "filosofia do indianismo", filosofia, enfim, de todas as coisas, da periferia, das minorias. É claro que de todas essas questões se podem fazer reflexões filosóficas, mas não sei se como disciplina particular. É que se tem, hoje, uma espécie de contestação ideológica dos saberes que são transmitidos – que é uma forma de passividade porque é uma reafirmação do *status quo* de hoje. Então, não é, assim, paixão pelo conhecimento e vontade de verdade, que é infinita. Não. É apenas a ideia de destruir o que está aí, em nome de uma suposta substituição de conhecimento, como se não houvesse uma origem, como se conhecimento fosse particularizável. Porque é precária a formação no segundo grau, o ingresso na universidade poderia ser um maravilhamento. Mas, em geral, o contato fragmentado com o saber por meio da internet e sua dispersão, com o qual os estudantes chegam à universidade, dá a crer que podem opinar sobre tudo. Mas não há só isso, há também uma perplexidade, uma espécie de audição admirativa daquilo que está sendo ouvido pela primeira vez. Então, você tem dois tipos, vamos dizer, de passividade. Só que acho que uma é mais fecunda, porque, para aquele que ouve, pode fazer sentido aquela novidade, tanto para aceitar quanto para criticar, com respeito àquele que transmite o conhecimento, que não é só um mediador passivo, que é o professor formado para sê-lo, que já sabe – ou que sabe que não sabe. Então, não é bem uma passividade, eu acho.

Não existe uma fórmula pronta de uma boa aula. Porque uma boa aula supõe não só a qualidade daquilo que é organizado para ser transmitido – e, portanto, daquilo que o professor prepara para poder ser fecundo –, mas supõe, também, que aquele estudante possa assimilar aquilo que foi transmitido. Então, você tem uma espécie de trânsito entre aquilo que o professor transmite e como aquilo é acolhido. Portanto, não existe uma fórmula pronta, não é? Porque isso depende do professor. Porque tem professores que têm mais facilidade de transmissão do que outros. Existem professores que são mais pesquisadores do que professores e existem professores que são mais professores, que têm mais facilidade de transmissão, mas também não são tão excelentes pesquisadores. Quer dizer, é toda uma complexidade. E a universidade justamente é aquilo que acolhe essas diferenças. Todos fazem sentido, no conjunto, nunca isoladamente. Por isso é que os professores passam em concursos que são difíceis, de avaliação, bancas, provas, e, uma vez aprovados, eles sofrem avaliações que não devem ser do tipo burocrático-administrativo. Quantos artigos publicou, se os alunos gostam ou não da sua sala de aula. Ele já foi avaliado. Esse tipo de avaliação só pode ter cunho fascistizante. O aluno que gosta, que diz que gosta. Se ele não gosta do professor, ele vai atacar o professor. "Ah, não gosto desse professor porque ele não sabe transmitir." Não tem a menor importância, vai ter um outro que vai transmitir de maneira melhor. Esse, que não é tão bom na sala de aula, pode ser excelente como orientador de tese. E se não for excelente também, ele tem uma função dentro da instituição. Pode ser diplomata, dentro do conjunto dos professores, em um conselho acadêmico. Então, todos têm a sua função, porque eles já foram avaliados. E aquele que é desgostado por todos, tem uma função de bode expiatório. Também é bom, porque as pessoas fazem uma catarse. Então, não sei por que perseguir alguém.

E por que Marilena Chaui é um modelo de professora? Porque

a Marilena é um tipo de intelectual para quem a vida intelectual é um fim em si mesmo, não é um meio para outros fins. É uma paixão pelo conhecimento. E é a partir daí que ela pôde ter uma obra tão diversificada, a obra teórica da maior – hoje, você fala "filósofa"; eu diria uma grande historiadora filosófica da filosofia – historiadora da filosofia no Brasil, uma grande pensadora, porque ela tem reflexões sobre várias áreas: ideologia, sexualidade, movimentos políticos e partidários etc. Sem deixar de ser uma professora de filosofia, uma grande historiadora da filosofia. Isso porque ela é apaixonada por cada uma das áreas a que ela se dedica – queiramos concordar ou não, essas obras têm um valor em si, porque elas não são instrumentos para outros fins. Ali, é um empenho e um engajamento real, não é um engajamento político simplificado. É uma verdade grande, subjetiva dela, ligada ao conhecimento, como ela ainda elabora esse conhecimento. Então, sempre digo isso: a Marilena não transmitiu só o conhecimento; ela transmitiu, nas suas aulas, o prazer de aprender esse conhecimento. Isso é quase único. Raros professores são capazes de, ao mesmo tempo, transmitir o conhecimento e o prazer de aprender esse conhecimento.

Se a prática da aula pode transformar o professor e o estudante? Com certeza, porque o professor faz uma história na sala de aula. Quando penso como eu era no começo, a minha timidez, a insegurança e, depois, como você vai se modificando... A preparação da aula – quanto mais você estuda para prepará-la, mais você aprende. Esse preparo de aula é a coisa mais importante do mundo no ofício de professor, porque é aí que você aprende. Porque se não houvesse a preparação de aula, você não se desenvolveria. Quando você lê muitos autores, você vê como cada um tem um ponto de vista diferente, como é que você vai avaliar, qual é o que se aproxima mais daquilo que também você quer mostrar. Tudo isso, você vai mudando muito, pois, às vezes, a complexidade vai explicando e o que parecia simples se mostra complexo, e aí se vê como se era ingênuo em relação àquele autor. Então, a história do saber vai fazendo parte da sua maneira de preparar a aula e de se aproximar das questões que, no começo da sua carreira, se tratavam de outro modo. E, depois, muitas vezes você só se torna consciente daquilo que falou mais adiante. Quando você relê o que escreveu, olha as aulas que deu, percebe as lacunas que, no momento em que falou pela primeira vez, não percebeu. Então, a preparação de aula e a sala de aula ensinam para o professor. Você estuda mais aquilo que pensava saber e, depois, você vê que faltaram coisas. As perguntas que os estudantes fazem às vezes trazem dúvidas. Uma coisa que você não sabe responder porque não tinha pensado nela. Bom, então, você tem de aprofundar aquele ponto. E acho que justamente essas decalagens que existem entre o que o professor pensa e o que ele transmite, e como muda, quanto mais vai estudando, mais vai se aprofundado, obviamente isso repercute também na maneira como ensina e no que ensina para os estudantes.

Se percebi a transformação dos meus alunos, a partir das aulas? Sim, mas não de imediato, não em uma aula só. Você tem um conjunto de aulas e anos de convivência acadêmica, intelectual e afetiva, e, depois, quando você vê os projetos que eles trazem, você vê um pouco as influências das instituições onde eles se formaram. A maneira como são capazes de organizar um plano de pesquisa, o que querem pesquisar, cada item que eles vão fazer. Geralmente, vêm muito pouco preparados. Aí, você percebe como a graduação foi falha. Porque a graduação, hoje, é uma maneira de compensar os problemas do segundo grau; a pós, os problemas da graduação; o pós-doutorado, os do doutorado. Então, você tem uma fragilização progressiva da formação. Porque os anos de formação fundamentais são a escola elementar, o primeiro e o segundo graus. Você teria de já vir formado pelo menos com duas línguas estrangeiras – e as línguas clássicas, no caso das humanidades. E não só das humanidades, porque quem conhece o grego e o latim se dá muito melhor em botânica e medicina. Porque, aí, toda a onomástica é em língua grega e latina. Enfim, como já chegam mais fragilizados, a graduação acaba ficando uma coisa quase mais assistencialista, não é? A maneira como as universidades públicas – as privadas, nem se fala, porque a maioria delas são comerciais... Então, você tem uma tendência a fragilizar a pesquisa, no Brasil.

ARTE
DA AULA

RENATO JANINE RIBEIRO

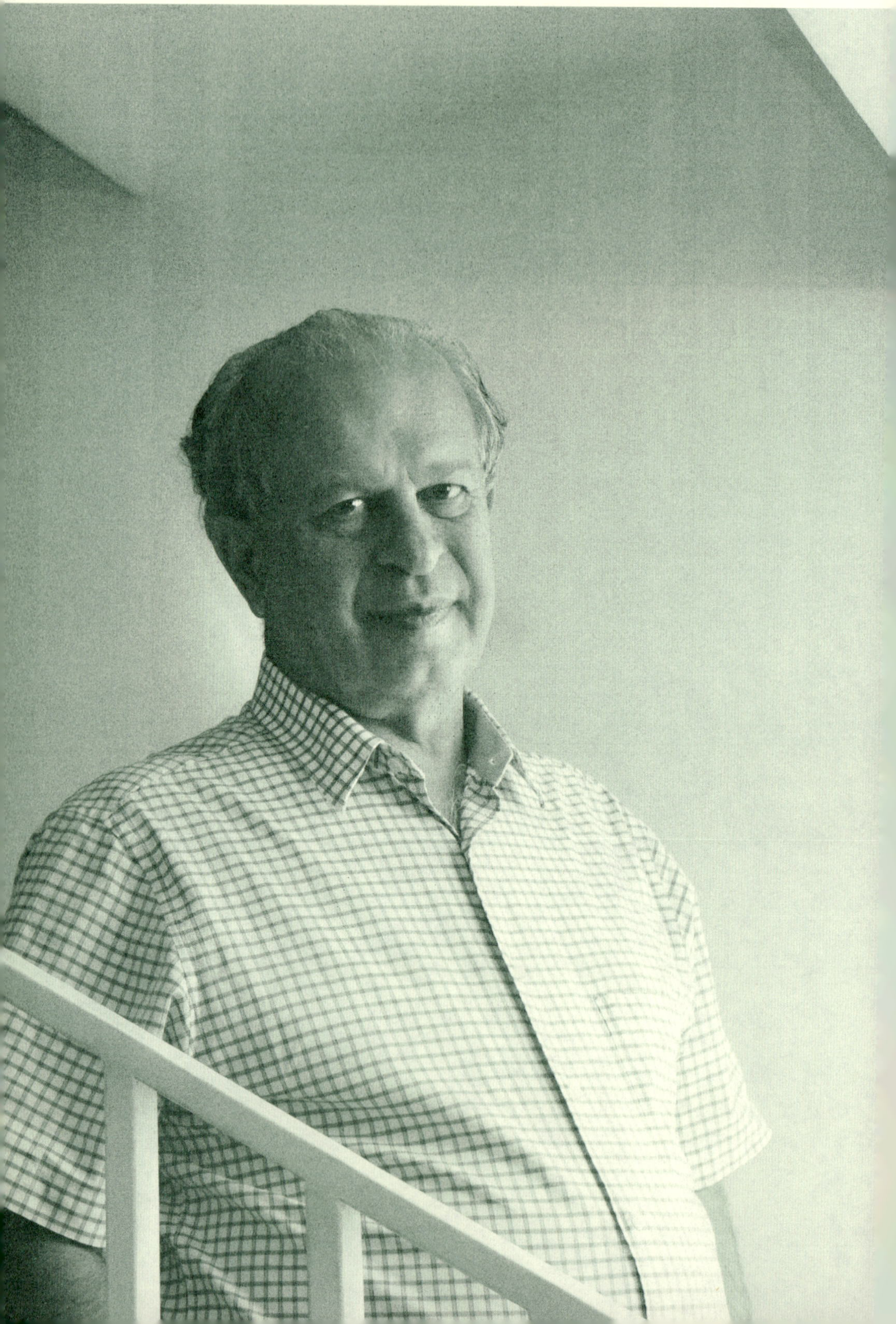

Gostei de ser convidado a falar desse tema – que é bom – embora não dê aula há muito tempo. Dou, episodicamente, palestras. Voltarei a dar aulas regularmente este ano, na Unifesp. Porque em 2003 fui para a Columbia University, onde lecionei. Quando voltei, fui convidado a ser diretor da Capes. De 2004 até o fim de 2008, fui diretor da Capes. Voltei para a USP, dei aulas na graduação e na pós-graduação, mas, dois anos depois, me aposentei. Já tinha direito antes, mas só me aposentei em 2011. Então, de 2003 para cá, dei de dois a três anos de aulas regulares, parte na pós e parte na graduação. Muitos, quando falam de aula, pensam mais na graduação.

Comecei dando aula particular de francês e, ocasionalmente, de inglês. Isso, eu tinha uns 18 anos, acabava de entrar na faculdade. Era uma forma de ter uma renda minha. Tinha mesada, mas fui abrindo mão. Dava aula particular e traduzia. Traduzi uns contos de ficção científica para o Jeronymo Monteiro, que era um jornalista, um homem culto, que tinha uma coluna na *Folha de S.Paulo* chamada "Panorama". E que lançou o *Magazine de Ficção Científica*, em 1970, que teve vários números, mas parou. Mas continuei fazendo traduções.

Antes de traduzir livros, traduzi – tanto contos quanto algum material – eventualmente para exposições, para empresas etc. – do francês e do inglês. Fui dar aula mesmo, para classe, logo que me formei, no fim de 1971, com 21 para 22 anos – faço aniversário em dezembro, então tinha 22 anos recém-completados. Comecei a lecionar no Objetivo, primeiro no cursinho, depois, no colégio. No cursinho, foram dois meses de francês. Vim a dar aulas de filosofia e um pouco de português no terceiro ano do ensino que, hoje, chamamos de médio. Na época, era colégio. O Objetivo, para mim, foi muito difícil, porque eu tinha alunos muito indisciplinados. Creio que era o segundo ano do curso, que não tinha a preocupação do vestibular. Os alunos não estavam preocupados em aprender. A indisciplina era total. Depois de algumas aulas, disse apenas o seguinte: a única coisa que sei é que falo mais alto do que todo mundo, mesmo que não escutem. Minha primeira experiência de sala de aula não foi uma experiência muito feliz, lá.

Na verdade, tive uma experiência antes, que estava esquecendo. Foi num cursinho de madureza que ficava bem no comecinho da São João, quase no vale do Anhangabaú, em frente aos Correios. Madureza era o que, hoje, nós chamamos de educação de jovens e adultos. Quem não fizera na idade certa, fosse o ginásio – fundamental II, hoje –, fosse o colégio – ensino médio, hoje –, podia, um tempo depois, fazer tudo mais rapidamente e passar num exame que validava isso. Esse tipo de ensino depois se chamou supletivo; hoje, educação de jovens e adultos – EJA. Também dei aula lá, de várias matérias, já nem lembro direito. Para ser franco, não tenho lembranças entusiásticas desses primeiros tempos, de ter adorado dar aula.

No Objetivo, a lembrança é de que era difícil. E ficou tão difícil que passei mal. Não me sentia bem. Minhas aulas eram acumuladas na segunda-feira, das 7h da manhã até 4h da tarde, sete aulas com um pequeno intervalo de almoço. O domingo, para mim, se tornou muito incômodo. Mal dormia na noite de domingo para a segunda, pensando que iria para aquela situação desagradável. No fim das contas, fui muito ajudado pelo meu pai. Ele fez uma coisa muito bonita. Meu pai – Benedicto Ribeiro – era jornalista, foi presidente do Sindicato dos Jornalistas de São Paulo, um dos pioneiros do jornalismo econômico no Brasil. E chegou para mim, depois de uns dois meses dessa situação, e falou: "Filho, estou vendo que você não está feliz dando aula, não está feliz nesse trabalho." Eu também estava trabalhando na *Folha de S.Paulo*, como jornalista. Meu pai disse: "Você não está feliz nisso. Olha, eu tive de passar por trabalhos muito difíceis, de que não gostava, porque precisava obter dinheiro para manter a casa, manter vocês, meus filhos. Mas você não precisa disso. Você tem um pai que pode te ajudar, se precisar. Então, saia disso. Não vale a pena."

Aí, encorajado por isso – foi uma das coisas mais bonitas que meu pai me disse na vida –, cheguei e falei para a direção: "As aulas da manhã, eu não gosto." Quanto às duas aulas da tarde, cujo nome era filosofia mas que, na verdade, tinham pedido para eu montar o curso com ênfase na literatura brasileira, Oswald e Mário de Andrade e mais alguma coisa – Graciliano –, eu disse: "Quero ficar com as aulas da tarde." O responsável pela escola – que, depois, se tornou meu amigo, um professor de filosofia, um cara muito legal, mas que, na época, tinha esse papel de diretor numa escola dura, focada no sucesso no vestibular – respondeu: "Aqui, não dá para selecionar. Ou você sai de vez ou você fica com tudo." E eu falei: "Então, vou sair de vez." Ele me alertou: "Não recontratamos quem sai. Se demitirmos, podemos chamar de novo. Se você se demite, não o chamamos novamente." E pensei: "Bom. Fazer o quê? Perco um mercado." Estavam falando em montar uma faculdade. Eu tinha pensado que poderia, eventualmente, dar aulas nessa faculdade. Mas falei: "Bom, não dá. Obrigado." Era uma segunda-feira, depois de minhas aulas. Aí, me ligaram mais para o fim da semana e marquei de passar lá na própria segunda – dei um jeito de passar num horário em que não dava mais para dar a aula. Disseram: "Queremos que você fique com as aulas da tarde." Foi muito bom, o resultado. E dessas aulas eu gostei.

A curiosidade sobre esse período é que, muitos anos depois, em 2007 ou 2008, desembarquei de um voo em Ribeirão Preto – eu era diretor da Capes – e um reitor da região, Abib Cury, me cumprimentou e foi me apresentar para o senador Aloizio Mercadante, então líder do governo. Isso foi em 2007, 2008. E, quando Abib foi me apresentar, Mercadante falou: "Mas eu conheço você. Você foi meu professor no Objetivo." Então, tive um aluno quase da minha idade, porque eu tinha 22 anos, ele tinha pelo menos 17, é mais novo que eu uns quatro ou cinco anos. Mas foi engraçado: tive, como aluno, um futuro ministro de Estado, o homem mais importante, no governo, durante o mandato da presidente Dilma Rousseff. E que, muito mais tarde, emitiria um convite – em 2013, penso – para eu dirigir um ministério, que não aceitei. E, de novo, em 2015, o convite para o Ministério da Educação, que aceitei.

Mas, para falar de aula que realmente gostei de dar, foi mesmo quando assumi, na USP, a posição de professor. Tomei posse em 8 de dezembro de 1975. Meu primeiro curso foi em março. Adorei, porque há uma coisa – eu tinha 26 anos – que é fantástica em dar aula, que é que, quando você estuda, estuda, estuda, guarda para você. Mas, quando transmite às pessoas, sente que aquilo tem valor. Tem mais valor. Sente que mexe com elas, para de ser consumidor e se torna produtor. Para de entesourar o conhecimento, faz com que ele circule. Fiquei fascinado. Nunca deixei de gostar de lecionar, daí em diante.

Foucault diz: "Na nossa sociedade, a vontade de falar é tão maior que a disposição de escutar, que algumas pessoas alugam a sua escuta." Ele fala dos psicanalistas. Há pessoas que cobram de você, para o escutarem. Penso que o professor, como o dentista, como o barbeiro, tem essa satisfação de falar mais do que escutam. É o lado divertido da coisa, mas o bom mesmo é ter o que comunicar e ajudar as pessoas a conhecerem mais.

Houve um tempo em que se deu muita importância à ideia de se desfazer a hierarquia entre professor e aluno, e dar aula em roda. Dei muita aula em círculo. Pensávamos que todos tinham de expor seu conhecimento. Uma visão muito romântica, mas que, vamos dizer, é muito bonita. O romantismo é bonito, não quer dizer que seja certo, mas é muito bonito. Eu defendia essa visão romântica de igualdade na aula. Até que o Jean-François Lyotard esteve em São Paulo – fiquei em dúvida se teria sido Jacques Rancière porque, nos dois casos, norteei uma discussão deles com os alunos, que já não dominavam o francês (em 1968, quando entrei na faculdade, tínhamos várias aulas naquela língua). Eu traduzia, encaminhava questões. A certa altura, um aluno perguntou ao Lyotard se não era melhor a gente se colocar em roda, e todo mundo falar. Ele respondeu, muito delicadamente:

> *Vocês estão aqui porque acham que tenho uma coisa importante para comunicar a vocês. Penso que não é o caso de todos falarem, de todos terem o mesmo espaço de fala, porque vocês estão interessados no que eu tenho a lhes comunicar. O errado é quando essa diferença episódica, momentânea, se converte numa diferença estrutural, permanente. O errado é quando, do fato de que eu sei mais sobre aquilo que vocês querem conhecer – vejam a elegância dele –, do fato de que sei mais do que vocês agora querem conhecer, eu retire um poder sobre vocês.*

Quer dizer, o fato de haver uma desigualdade de conhecimento e alguém ter mais a dizer não significa que essa pessoa tenha direito a um pacote de poderes sobre as outras pessoas. Achei essa expressão muito bonita.

Isso contribuiu para eu repensar um pouco o romantismo dos primeiros anos de aula. Por exemplo, fazia parte disso que, qualquer pergunta que os alunos fizessem, eu os deixava fazer até o fim. Mesmo que fossem loucos. E havia um certo afluxo de loucos, sobretudo quando eu dava aula sobre Foucault. Isso é espantoso! Lecionava desde 1976 e, quando Foucault morreu, em 1984, creio, no ano seguinte organizei um colóquio que saiu no livro *Recordar Foucault*, pela Brasiliense. No primeiro dia, um ex-aluno do prédio interrompeu todas as mesas-redondas com questões malucas. E no último dia, no encerramento, dirigiu à mesa perguntas sem propósito. Bento

Prado, membro da mesa, respondeu que entendia que suas questões tratavam do sentido último da vida e que, por isso, não podia ele, nem talvez ninguém ali, responder à altura. Mas, de volta ao primeiro dia: na conferência solene de abertura, de Gérard Lebrun, um rapaz disse: "Estou vindo do Juqueri. Hospício. O que podem fazer por mim?" São situações muito difíceis. Não soube como lidar com ele. Eu era muito jovem. Lebrun encontrou uma saída que não lembro qual foi. Você, como professor, não é formado para lidar com uma situação assim.

Mas, quando eu falava de Foucault, mesmo que fosse uma aula só... Num curso que dei, havia uma única aula sobre Foucault. No dia dela, chegou um desconhecido e começou a colocar questões, o tempo todo. Não tinham muito a ver, mas eu respondia uma por uma. A pessoa mal prestava atenção e já engatava em outra. Mas eu aceitava isso. Hoje, eu diria: "Você me desculpe, mas está perturbando seus colegas. Peço que continue assistindo à aula, mas respeitando os outros." Mas, na época, achava que não era justo. É uma visão curiosa – não é uma visão democrática, essa que eu tinha. Porque em democracia você pensaria no coletivo. É uma visão em que você fica vulnerável a qualquer individualidade egoísta, egocêntrica, desrespeitosa dos outros. Mas muita gente confundia isso, como eu confundia e, por isso, aceitava. O engraçado foi que, no intervalo, ele trouxe uma garrafa de cerveja, bebeu e começou a se balançar na cadeira – daquelas cadeiras que tinham o apoio para colocar o livro, o caderno –, até que caiu no chão e ali mesmo adormeceu, de modo que a segunda metade da aula foi pacífica.

Tive outro aluno que chegava atrasado à aula do primeiro ano – um dia, chegou às 15h40 e, dois minutos depois (eu marquei), fez a primeira pergunta. Ela não tinha pé nem cabeça. Eu tinha uma tolerância com isso, muito grande, que, hoje, acho equivocada. Não me arrependo, no sentido de dizer que fui tonto. Só acho que, na verdade, isso muito mais perturba os outros alunos e o funcionamento da classe do que os beneficia. Porque aquela pessoa, nesse caso que estou contando, não estava interessada no que eu ia dizer. Mas isso fazia parte de um certo espírito. Hoje não é assim, mas, naquela época, no curso de filosofia, vários professores eram abertos a várias novidades, até a essas. Enquanto em outras faculdades... Uma vez fui ao Instituto de Ciências Biomédicas da USP, e o próprio diretor tinha um crachá. Até ele, para entrar, passava o crachá por uma leitora. Isso, no fim dos anos 1980, começo dos anos 1990. Na filosofia, sempre foi um acesso livre. E isso trazendo problemas, como gente vendendo coisas. Havia um famoso pipoqueiro, que fazia a pipoca com um cheiro de gordura tremendo, dentro do prédio, empesteando tudo. Esse ponto levava alguns professores a uma tolerância muito grande, em nome de uma visão de democracia. Da parte de outros, havia a convicção de que aquilo estava errado, deveria ser coibido. Eu estava no primeiro grupo, mas, hoje, penso que não tínhamos tanta razão.

Vamos falar um pouco de didática. Estou escrevendo um livro agora, sobre minha experiência como ministro. Comento política – afinal, entrei no governo Dilma um ano antes do *impeachment* e fui exonerado seis meses antes deste – e educação. E nele trato da didática. Ela não é uma técnica, é um espírito. O professor precisa atrair o aluno para a matéria. Diria que, na creche, na pré-escola, isso é até mais importante do que o conteúdo. Matéria não existe tanto, nesse período. O principal, na educação infantil, é socializar a pessoa. Fazer, formar a pessoa. Nesse período, a didática é quase tudo. Gradualmente, vai perdendo a importância, mas, até o final da graduação, o professor tem de atrair os alunos para a matéria.

Conheci um professor da filosofia que falava cada vez mais para dentro. Isso é antididático. Houve professores que assustaram os alunos na primeira aula, para ver se ficavam sem alunos e se poderiam passar um semestre sem dar aula. Isso houve. Mas, na pós-graduação, a didática passa a ter um peso mínimo, porque, aí, o aluno está totalmente empenhado no seu assunto. Não vai haver muita aula. E o aluno vai correr atrás. Se o professor tiver língua presa, se ele falar para dentro, você vai ter de se virar, porque não estão mais cuidando de você. Mas, na graduação, é diferente.

Uma das minhas maiores preocupações, em termos de vocação e de educação, é a seguinte: nós todos tivemos professores muito bons e outros muito ruins. O risco de se escolher uma carreira que não é a melhor para você só porque teve um professor muito bom – pior ainda, o risco de não ir para a carreira que é sua vocação verdadeira porque nunca foi despertado para ela – é um grande problema. Essa é uma das muitas razões pelas quais tem de haver uma educação 100% boa. Precisamos que – seja filosofia, seja sociologia, seja química, seja física – as disciplinas sejam dadas por professores que motivem. Falo, agora, sobretudo do ensino médio. Mas isso também sucede na graduação, na qual uns professores motivarão o aluno mais que outros. O risco de não encontrar sua vocação é grande. E isso se agrava com a iniciação científica. Ela é uma boa ideia, mas traz um problema sério: a especialização precoce. Ela estimula o aluno, ao terminar o primeiro ano de faculdade, a já procurar uma bolsa e a nem prestar muita atenção nas matérias que cursará na sequência. Penso muito que, às vezes, sua vocação está na sala ao lado, mas você nunca vai descobri-la, ou só o fará depois de muitos anos. Uma educação realmente boa evita esse desperdício.

Retomando, além de ser motivador, o professor tem de conhecer bem seu assunto. Deve tentar cobrir certo quadro do estado da arte de sua área. Mas como ele vai animar os alunos, interessá-los? O compromisso maior não é com a terceira pessoa, o de que se fala, que é a matéria, e sim com a segunda pessoa, para quem você fala. Na graduação, a terceira pessoa é importante, você está transmitindo a matéria. No ensino médio, eu diria que o fundamental é a segunda pessoa. Estava escrevendo hoje, justamente, que um erro no ensino médio é a tendência de muito professor, de muito formulador de programa, a fazer do ensino médio uma espécie de *trailer* do curso superior de igual nome. Ora, história da filosofia, no ensino médio, é de escasso interesse. Mas temos ética, lógica, filosofia política que, vamos dizer, entram na veia. Precisamos de ética, muito, no Brasil. A filosofia tem muito a dizer a respeito. E os adolescentes estão começando a votar, aos 16 anos, no segundo ano do ensino médio. Estudar a democracia, seus problemas, suas dificuldades, seus desafios, é crucial. Lógica é importante para articular o pensamento. Dou exemplos, poderiam ser outros.

Mas o errado é pensar que no ensino médio estamos dando um *trailer*, um *teaser*, para depois a pessoa fazer faculdade. Distingo os educadores em grandes e menores. Os grandes coincidem num grande tema: você tem de ensinar o que é útil. Útil, não utilitário. Úteis serão, por exemplo, todas as matérias de ciências humanas, de humanidades, com que os estudantes lidam. Ensinar a pessoa a ser um melhor cidadão – e, aí, entram filosofia, ciência política –, a ser uma pessoa melhor – entra a ética e, talvez, a psicologia, que é difícil de ensinar no ensino médio. Não sei como a ensinaria. A sociologia, a antropologia: há um conjunto de matérias que, se forem bem direcionadas, vão formar bem a pessoa. O ensino médio é muito importante para que, ao término dele, quando termina a obrigatoriedade da educação – que, hoje, no Brasil, é de catorze anos de duração, dos 4 aos 17 anos de idade –, os vários componentes que integram o currículo tenham levado o jovem adulto a aprender o que o fará crescer na vida. Obviamente, na graduação o valor da didática é menor e, no mestrado e doutorado, quase desaparece.

Mas o que lembro mais é como mudei meu estilo de dar aula. Os cursos eram semestrais, o trabalho final era entregue pouco antes do término do curso, umas duas semanas antes. Sempre fiz questão de corrigir cada trabalho com atenção, comentar com o aluno e, podendo, dar a opção de refazer. Mas notei que, às vezes, com o curso praticamente encerrado, havia alunos que não tinham criado nada, nem aprendido direito. Então, relativamente cedo, depois de uns quatro, cinco anos lecionando, decidi que pediria um primeiro trabalho depois de um mês de aula. Esse trabalho teria um peso mais leve, peso um em comparação com o peso três do trabalho final. Esse trabalho tinha por objetivo apenas ver quantos alunos estavam acompanhando o curso, bem como verificar se tinham problemas de escrita. Era uma forma de pegar o pulso da classe e navegar em função disso. Isso deu certo. O trabalho final sempre era escrito, nunca dei provas. A nota do primeiro trabalho, eu só a levava em conta se melhorasse a média. Era um jogo vantajoso para o aluno. Mas era uma vantagem merecida, justa.

Isso funcionou, mas, com o passar do tempo, notei um problemão. Comecei a dar aula em 1976; mais ou menos uns dez anos depois, despencou a qualidade. Quer dizer, nos primeiros dez anos eu tinha, praticamente todo semestre, algum aluno que entregava um trabalho realmente brilhante, original. Tive uma aluna, Eliane Freitas – eu tinha mencionado alguma coisa de *Alice no país das maravilhas*, no curso –, que me entregou um trabalho dividido em capítulos de uma página. Uma das páginas terminava com um zigue-zague, que era o rabo do coelho da Alice. As letras iam diminuindo. Na época, se usava máquina de escrever, ela teve que calibrar isso muito bem. Era rico na forma e no conteúdo, o seu trabalho.

O problema é que, por volta de 1985, sumiram os trabalhos bons. Comecei a ter trabalho só de devolução. Isso talvez esteja associado com a mudança de orientação do Departamento de Filosofia da USP, que foi na direção dos cursos panorâmicos. Houve toda uma disputa sobre se acabariam os cursos monográficos, que eram tradição, que consistiam em você dar sua pesquisa. Se tiver só uma aula sobre um autor, você tende a mostrar tudo perfeito, encaixadinho. Mas, se der várias aulas sobre o mesmo autor, aparecem todos os desencaixes. O que me fascinou no meu mestrado e, depois, doutorado sobre Hobbes foi ver os pontos em que a máquina dele desfuncionava. Mas, como mudou a linha do departamento, mesmo que cada um tivesse a autonomia para fazer o que quisesse, a qualidade dos trabalhos caiu. Os trabalhos viraram resumos. Aí, adotei dois critérios. Primeiro, o limite máximo de tamanho do trabalho. O advento do computador ajudou nisso. Mas, já antes, criei um limite máximo. Porque tive um aluno que me entregou um trabalho de quarenta páginas manuscritas sobre o *Leviatã*. Ele resumiu tudo, tudo. Era desesperador. Eu li tudo. Fiquei mal. Quarenta páginas! Mais um pouco, ele teria copiado o livro. Coitado, ele deve ter tido uma trabalheira insana. Então, criei um limite de páginas. Com o advento do computador, coloquei um limite em caracteres. É até engraçado, pois o Antonio Prata, em uma coluna dele, faz algum tempo – a minha mãe estava viva, foi antes de 2014, talvez –, comentou que eu tinha criado um limite de caracteres, e ele falou: "Mas pode passar um pouco?" Ao que respondi: "Antonio, limite é limite." Na verdade, o que ele conta é que eu sorri e disse algo como: "O que é 'limite'? É aquilo que não se pode transpor. Mas vejam como são as coisas no Brasil: entre nós, o limite não limita! Repito: o limite é de 8 mil caracteres." E ele até comentou que isso foi bom para ele, porque limite é limite, não tem mais ou menos[2].

Esse é um problema do Brasil, porque temos tendência a pensar, das leis, que é muito importante que *os outros* as cumpram. Mas para nós, a lei é apenas uma referência. Você quer que todos parem no sinal vermelho. Mas cada um de nós, como sujeito, se dá o direito de passar.

---

2 Antonio Prata, "Todos juntos", *Folha de S.Paulo*, São Paulo: 31 jan. 2013. Disponível em: <http://www1.folha.uol.com.br/colunas/antonioprata/2013/01/1222610-todos-juntos.shtml>. Acesso em: set. 2018.

E isso é um desastre, literalmente causa desastres. O limite de caracteres teve esse papel de forçar as pessoas a se focarem no essencial. Aí, tive outra ideia. Porque não dava mais, os alunos só faziam resumos. A qualidade diminuía no curso de filosofia. Pode ser que tivessem medo dos professores. Vários diziam: "Isso não está no autor. Você não pode ir pensando por conta própria. Isso é achismo. Você tem de dizer o que está no autor." Como eles se intimidavam e só repetiam o que o autor dizia, bolei o seguinte: dava dois, três autores no curso. Por exemplo, na Filosofia Política, sempre gostei dos que chamo de malditos – Maquiavel, Hobbes e Rousseau –, que não são os autores da linha dominante, não são Locke, Hume e outros – mesmo Aristóteles – que, de certa forma, venceram a parada. São os que perderam a parada, ou que foram malvistos. Esses filósofos malditos – que, uma vez, um aluno se confundiu e achou que eram "maldosos" – permitem criticar esse *mainframe* triunfante. Eu pedia para eles compararem: "Tomem dois dos três autores, escolham três dos cinco tópicos que a gente estudou e façam a comparação." Foi difícil. Muitos resumiam um e, depois, o outro. Aí comecei a dizer: "Não, isso não dá. Eu quero uma comparação, porque quero que vocês pensem." A dificuldade, no curso de filosofia, é essa: fazer as pessoas pensarem. O que é muito paradoxal, porque é um curso que lida com o pensamento em estado puro. Não se está lidando com outra coisa que não o pensamento, inclusive relativamente independente dos fatos empíricos, independente da realidade. Mas o expediente teve um certo sucesso, funcionou.

O que foi mais difícil foram os seminários. Tínhamos a tradição de dedicar a segunda metade da aula a um seminário apresentado por alunos, em grupo – dado o tamanho das classes, é impossível propor seminários individuais –, dando nota individual a cada membro do seminário, porque, com o passar do tempo, dava até para ver, havia diferenças entre eles. O seminário geralmente discute um texto determinado, curto, uma página e pouco. Mas não funciona bem. Porque é chato. É importante, porque é quando o professor foca cada aluno e pode discutir com ele o que aprendeu e o que não aprendeu. Talvez hoje, se fosse dar seminários, eu chamasse só um grupo e dispensasse os outros.

Uma aula memorável eu não diria, especificamente. Tenho muitas aulas de que gostei. Lembro-me de uma, há muito tempo. Estive muito interessado no despotismo oriental, nessa ficção que o Ocidente vai construindo, a partir de 1570, em que o sultão muçulmano é o contraponto completo do Estado de Direito ocidental. Mesmo num regime absolutista, como o de Luís XIV, você tem um Estado de Direito. Montesquieu, nas *Cartas persas,* que traduzi, e em *O espírito das leis*, especula sobre o sultão, que é puro desejo, sem razão nem vontade. As *Cartas persas* misturam política e ficção: o déspota é ciumento. Gostei dessas aulas, mas não ressalto uma, em especial.

Há coisas curiosas que se descobre dando aula. Em 1999 dei um curso com a *Utopia*, do Thomas Morus. Tive de ser insistente com os alunos para enxergarem o lado autoritário, até totalitário, da *Utopia*. Por exemplo, se um cidadão da Utopia passear nos campos sem autorização do cônjuge ou do príncipe, será condenado à morte. E os alunos estavam fascinados pela abolição da propriedade privada, pela igualdade, pelo lado progressista da *Utopia*. Mas dois anos depois, em 2001, dei a mesma *Utopia*, também para o primeiro ano, o mesmo ano de curso. E, com esses alunos, tinha de insistir sobre o lado generoso – porque só viam o lado autoritário.

A recepção muda muito. O professor tem de, de alguma forma, equilibrar. O importante, quando se discute o pensamento, é não ser militante. Você está lá para expor os vários lados de uma questão. O que hoje, no Brasil de 2017, é uma tragédia. O país está totalmente rachado. A decadência cognitiva é gigantesca. Conforme a linha partidária, as pessoas só leem o que lhes interessa. Um professor não deve doutrinar alunos, por duas razões importantes. Uma é ética: você não pode tentar fazer a cabeça dos alunos. A outra é até de eficácia: não funciona. Só a curto prazo. Mas, basicamente, é um compromisso ético do professor.

A aula é um momento importante de formação do estudante. Muito importante. Porque, veja, a aula presencial... Nós temos ensino presencial e a distância. O ensino a distância – EAD – cresceu muito no Brasil, em parte por causa da falta de bons professores, às vezes até pela falta de professores. Penso que, idealmente, o ensino a distância só deve ocorrer para quem não se formou na idade certa. O ensino a distância é bom para fazer o EJA, para quem não fez o fundamental II ou o médio na ocasião certa. E é bom para a graduação, para quem não pôde cursá-la na faixa habitual, que é de 18 a 24 anos. Uma pessoa já com uns 30 anos, que não pôde fazer mais cedo, até por questões financeiras, o ensino superior, ganhará se o cursar a distância. Porque, se ela fizer presencialmente, pode arruinar sua vida de família. Toda noite você vai para a faculdade, não sobra tempo para família, para filhos, não sobra nada. Além disso, ela está mais rápida na vida, pode aprender mais depressa. Mas o ensino a distância tem uma certa perda. Vamos supor que a gente desse uma nota de zero a cinco – de um a cinco, que seria mais habitual, hoje – para uma aula. Suponhamos uma aula a distância de nota cinco, absolutamente excelente, com os melhores professores, só gente excelente. Mas ela, a distância, vai ter um aproveitamento entre nota três e quatro. A aula presencial é importante, ela personaliza o aprendizado. Penso que nos anos de formação das pessoas, que eu diria que vão do zero aos 22 anos – coincidindo do começo da creche até o fim da graduação –, é preferível a aula presencial. Ela é mais forte. Porém, insisto: o ensino a distância permite os melhores professores e recursos. O Brasil deveria garantir que todos os cursos a distância fossem nota 5, a mais alta. Enquanto não tivermos professores presenciais bons em toda a parte, o EAD poderá ser melhor, terá de ser melhor que a maioria dos cursos.

Mas, na aula, o que é importante? As experiências mundiais agora dizem que não é o caso de só transmitir conhecimento pela aula. A tendência é reduzir o número de horas de aula e aumentar o que a pessoa aprende, estuda sozinha ou em grupo, seja como for, pela internet. Quer dizer, a ideia de ter vinte horas de aula por semana em uma turma – e, eventualmente, mais, se você tiver um curso de tempo integral – não faz mais sentido. É excessivo, supõe que só se chega ao conhecimento quando transmitido por uma voz autorizada. A aula tem de ser mais curta, mais *to the point*, mais focada. E cheguei à conclusão de que o sistema de aula que a gente dá na filosofia, quatro horas direto, é inútil. Notei que o que eu dava em quatro horas, posso dar em duas ou em uma e meia. É o suficiente. Não preciso detalhar tanto, tenho de pegar os pontos principais. E temos de discutir os pontos principais. Da mesma forma que um trabalho é bom se não é muito alongado, para não ser repetitivo, não cair na paráfrase, é bom que a aula seja estratégica. Fui aprendendo isso nos últimos anos. Dei uma pós-graduação na USP sobre utopia e redução de danos em 2011, e de novo em 2017. Da segunda vez, reduzi bastante o número de horas – e transmiti o essencial. Quanto mais nos concentramos no essencial, melhor fica o curso.

E, aí, a própria distância entre a aula presencial e a aula a distância diminui um pouco. Porque todo aprendizado bom supõe que o aluno não só tenha sua aula, mas que ele aprenda, que ele leia, que ele estude. E esse ler e estudar pode ser ler um livro, pode ser ver um vídeo, pode ser estudar em casa, pode ser estudar em outro lugar. Mas, nessas condições, a aula presencial é o momento psicologicamente importante em que se forma a turma, o grupo. E estamos falando, basicamente, da graduação.

Se pensarmos a aula desde o começo, o que temos? A escola é uma invenção genial para socializar as pessoas. Você nasce numa família, talvez numa Igreja. E tem de se abrir para o mundo, sair do fechado para o aberto. Nessa abertura, terá um professor e uma professora, que pode chamar de tio, tia. Por que tio, tia? Porque são desdobramentos do pai e da mãe. Você tem colegas, que são desdobramentos do irmão. Você começa a vivê-los como se fossem substitutos, cópia xerox de pai, mãe e irmão. Não são. E, assim, você vai aprendendo a lidar com o outro. Isso não acontece a distância, porque é muito presencial. E é muito quente. Uma aula tem de ser quente. Uma coisa que eu soube, quando estava no MEC, é que há professores que, em algum momento, pedem readaptação. Quer dizer, pedem para sair da sala de aula, porque têm um problema sério com os alunos. Não conseguem mais conviver com alunos. Isso é justo, mas só faz sentido se for excepcional. Soube que, numa unidade da Federação, seriam 25% os professores em readaptação. O que vão fazer? Trabalho burocrático. Não tem sentido essa pessoa continuar na carreira de professor. Vou contar um caso que, este sim, é exceção: um secretário de Educação me disse que um professor passou no concurso e, assim que foi designado para a sala de aula, já pediu dispensa, porque não podia conviver com alunos. É uma briga de muito tempo: professor tem de estar na sala de aula *versus* professores que saem da sala de aula para "n" coisas. Acho que o professor tem de estar na sala de aula. Quem sai porque vai ser diretor ou vai ser coordenador educacional etc., tem de ser pouca gente, muito pouca. Isso tem de, realmente, ser a exceção.

Resumindo, a boa aula: eu me sinto particularmente feliz quando consigo envolver os alunos na aula, quando tenho resposta deles. Na verdade, também sinto isso quando dou uma palestra, mas, na aula, como há uma continuidade, vamos estabelecendo relações, mesmo que durem somente um semestre. É uma das melhores realizações, talvez a melhor, de um professor.

Vale a pena contar uma história. Trabalhei na *Folha de S.Paulo* quando me formei em filosofia. Fiquei lá uns nove meses, enquanto aguardava minha partida para a França, porque tinha conseguido uma bolsa de estudos em Paris ao terminar em primeiro lugar, no Brasil, a Aliança Francesa. Quando fui me despedir de Perseu Abramo, que tinha criado a editoria de educação no jornal, ele me perguntou quais eram meus planos para a volta. E comparou o jornalista, cujo texto pode atingir centenas de milhares de pessoas, mas se desvanece, com o professor: "Antonio Candido", disse ele, "formou gerações". Pode ser em menor escala, mas o professor tem a realização de sentir que fez muita gente dar o melhor de si, que muita gente descobriu quem é e o que pode ser graças a boas aulas e, sobretudo, bons professores.

Vou fazer uma defesa da aula. Ficou claro que não tenho preconceitos contra a internet, a educação a distância, a Wikipédia. Hoje, se você estuda ciências, há uma infinidade de exercícios, na internet, que pode utilizar. Muitos dizem que isso, entre aspas, "dispensa a aula". Meu receio, reitero, é que se perca a aula enquanto socialização da pessoa. Será um grande problema, na faixa entre zero e 22 anos, se truncar a experiência presencial. Afetará a formação das pessoas. Por outro lado, como estamos pensando em formação de verdadeiras multidões, ter professor para todos se tornou um problema. O Brasil corretamente optou por cursos universitários a distância, mas o problema é que cada universidade federal – e muitas outras – oferecem cursos nessa modalidade, de modo que temos uma grande quantidade deles pagos com dinheiro público. Penso o seguinte: vamos pegar a melhor aula. A melhor aula de filosofia, sabe? Não precisa de vinte cursos de filosofia a distância. Pode ser um. Ou dois, ou três, mas os melhores. O mesmo em todas as matérias. Com isso, teremos aulas a distância com alto nível de qualidade, superiores a muitas aulas presenciais. Como lidar com isso? Tentei, como ministro, ver se garantia que todos os cursos federais a distância, no ensino superior, tivessem nota 5 ou perto. Essas aulas ficariam em rede. Na verdade, por que não abrir para todos os interessados? Hoje se depende de matrícula no curso, mas penso que aulas excelentes devem estar à disposição de todos. Mas isso não é simples. Se o professor que dá a aula presencial se torna monitor, seu papel diminui. Isso afeta seu prestígio, sua valorização. Sei que a pergunta é sobre a aula, não exatamente sobre o professor – mas não dá para falar de aula sem falar de professor e, até agora, não falamos de professor. Ser professor é estar numa situação muito difícil. Porque ele está em competição com muitas coisas que o vencem de goleada, a começar por um clipe ou um *smartphone*.

Um amigo dá aula assim: chega na sala de aula e coloca um clipe, assim que entra. É um clipe de música popular, brasileira ou estrangeira, que tem alguma ligação com o tema da aula. Enquanto os alunos se sentam, já está passando o clipe. E eles muitas vezes o conhecem. Ele conquista a atenção imediatamente. Em dois minutos, estão todos em ponto de bala, assanhados para saber que conexão a música tem com a aula. Ele conseguiu fazer um uso muito bom do conteúdo gravado. Isso é difícil, mas genial.

Há outro problema: o professor perdeu prestígio e renda. Seu salário médio é menor do que o de outra pessoa com a mesma escolaridade. O Plano Nacional da Educação, votado em 2014, diz o seguinte: o salário médio do professor, na época, era 72% do salário da pessoa com os mesmos quatro anos de nível superior. Uma das metas do plano era subir, em termos reais, além da inflação, em 40% o salário do professor, para igualar. Isso, até 2020. Não vai acontecer. E, ao mesmo tempo, esse professor sub-remunerado é uma espécie de cordeiro de Deus – um bode expiatório, sobre o qual recaem todos os pecados do mundo. Por exemplo, em 1994, um menino de 6 anos foi à escola aqui, em São Paulo, com brinco. A escola levou um susto e decidiu, depois de muita dúvida, expulsar o menino. Os jornais fizeram o maior auê sobre o assunto, e a escola acabou aceitando o menino. Que a escola errou, errou. Mas faz 25 anos, quase. Que escola tinha ideia de que, um dia, iria entrar pela porta um menino de 6 anos com brinco? Ninguém. Nunca tinha acontecido. E o que o professor tinha estudado? O professor aprendeu a dar aula, a transmitir conteúdos, a formar pessoas – e, de repente, se depara com um problemão que ele não sabe qual é. Isso está acontecendo, nos costumes, com todos e o tempo todo. As questões de gênero colhem muito professor de surpresa.

As cotas. Sou a favor delas, mas, no ensino superior, foram implantadas sem prepararem os professores para lidar com o aluno cotista. Pelo preparo que têm, um professor de pedagogia, um de serviço social, um de ciências sociais devem ter capacidade de lidar com esse fenômeno. Mas em todas as outras disciplinas do ensino superior – será que um professor de física, algum dia, aprendeu alguma coisa sobre como lidar com alunos cotistas? – não houve preparo para isso e, de repente, a desigualdade social no Brasil cai sobre o professor para ele resolver só com seu bom senso. Deixar uma questão assim crucial, decisiva, para sermos um país justo e decente, nas mãos da improvisação de cada um, é um absurdo. Assim, o professor sofre um desprestígio e, ao mesmo tempo, é alvo de uma cobrança extraordinária.

Temos de rever a posição do professor na sociedade. É óbvio, mas alguns entusiastas da internet esquecem que não há boa aula sem bom professor. Digamos, enquanto uma linha mais à esquerda diz "vamos ter um professor bem remunerado, preparando aula a partir de livros didáticos que o MEC fornece", outra parte propõe: "Vamos ter sistemas de ensino montados por grandes empresas de ensino – que serão apostilas, não serão livros, que serão distribuídas aos alunos, e o professor dará, porque está na apostila." Esse segundo sistema é mais adequado para professores despreparados. O primeiro é bom para professores bem preparados. O problema é que, idealmente, todos deveriam ser bem preparados. Mas não são. Agora, se adotar o método do sistema de ensino com aula pronta – a 13ª aula do ano é sobre o tema tal, está na página tal da apostila do professor –, talvez nunca se saia dele. E, desse jeito, dificilmente a aula será boa. Será talvez suficiente, correta; mas boa, não. Penso que podemos parar por aqui. Nosso tema era a arte da aula. Se é arte, é genialidade, é mais, até, do que talento, é algo que depende muito do brilho de cada um. Sim, dar aula é arte. Mas temos de dar aulas para multidões. Dezenas de milhões de alunos na educação básica, cem ou duzentos milhões de aulas para eles por dia, talvez quarenta bilhões de aulas por ano no Brasil, só para quem tem de 4 a 17 anos. Tudo isso será feito com arte? Arte, mesmo, é exceção. Numa sociedade democrática, porém, que eu espero que um dia o Brasil seja, todos devem ter boas aulas. Todas elas, aulas com arte? Ou teremos meios de garantir aulas boas, de qualidade, adequadas, sem ser pelo lampejo de gênio de uma minoria de professores que têm esse, vamos chamar assim, dom?

WILLI BOLLE

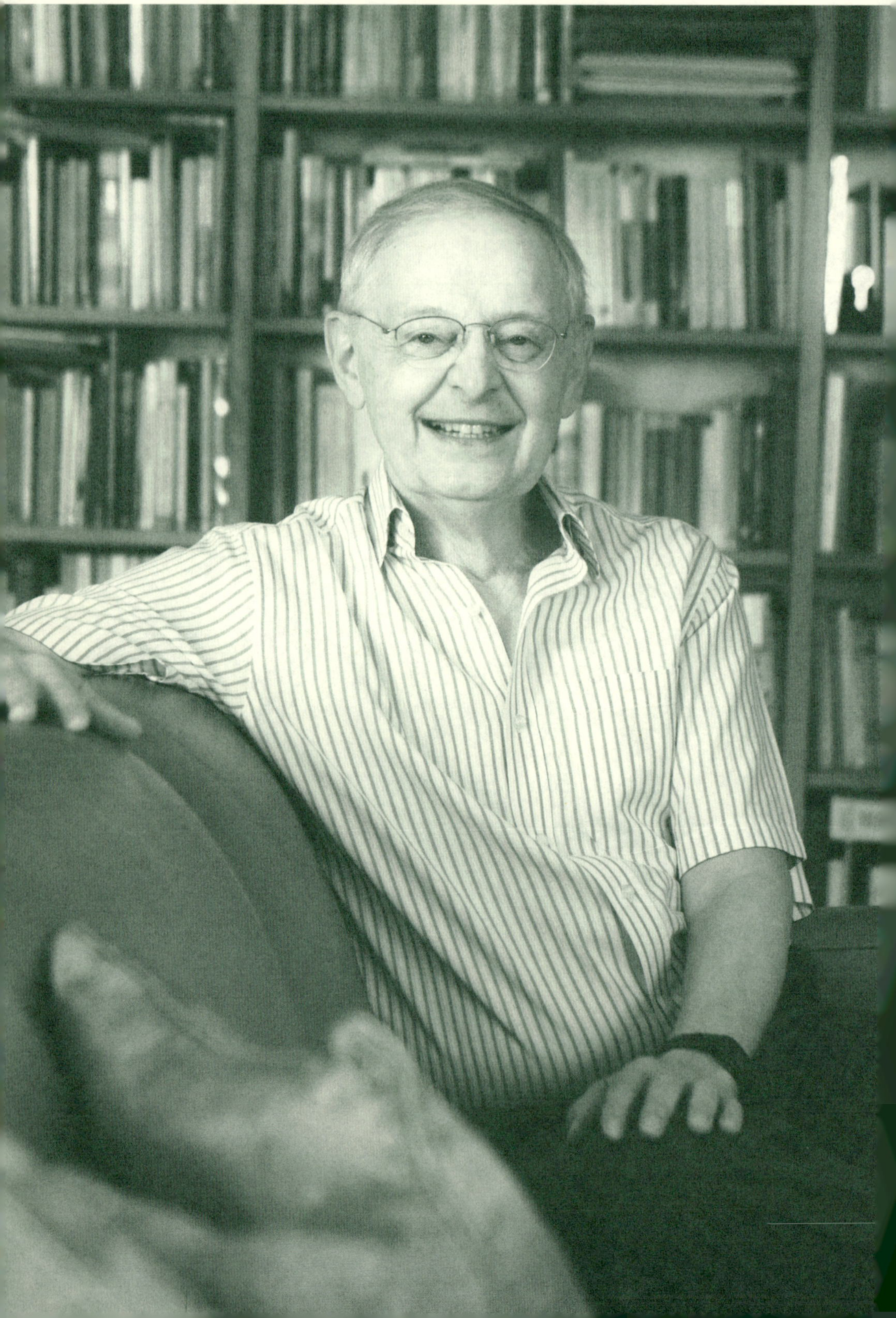

Atualmente, já estou distante da prática de dar aulas. A minha última aula de graduação, no curso de letras da USP, dei há quase dez anos, em dezembro de 2008; em seguida, me aposentei. Desde então, só tenho dado cursos de pós-graduação, a cada dois anos. No segundo semestre deste ano de 2018, o tema do meu curso será a *Viagem pelo Brasil (1817-1820)*, de Johann Baptist von Spix e Carl Friedrich Philipp von Martius. Entre 2009 e 2014, trabalhei, também, com um grupo de alunos e professores de uma escola de ensino médio, na periferia de Belém do Pará. Fizemos adaptações cênicas e montagens teatrais de cinco romances do autor paraense Dalcídio Jurandir (1909-1979), que descreve detalhadamente as condições de vida da população da Amazônia. Um relato sobre essa experiência encontra-se no meu artigo "Uma oficina de teatro entre a universidade e a favela", no livro *75 anos de alemão na USP*[3].

À procura de um caminho para dar continuidade a esse trabalho com o grupo de Belém, me veio a ideia de a gente se inspirar no exemplo dos Miguilins, os contadores de histórias de Cordisburgo, que estão divulgando as narrativas de Guimarães Rosa. Redigi, então, um roteiro, selecionando as cenas mais significativas dos dez romances do Ciclo do Extremo-Norte (1941-1978), de Dalcídio Jurandir, uma obra de cerca de 3 mil páginas. Em agosto de 2017, nosso grupo fez, em Belém, uma leitura, que foi gravada num filme documentário de dezessete minutos pelo cineasta local Alan Kardek Guimarães. Logo em seguida, apresentei o filme no congresso da Associação Brasileira de Literatura Comparada (Abralic), no Rio de Janeiro. Ele pode ser visto no YouTube. Essas têm sido as minhas atividades mais recentes.

Uma outra atividade, não tão recente, ressurgiu em 2017, quando mergulhei, novamente, no romance *Grande sertão: veredas*. Foi por causa desse romance que vim da Alemanha para o Brasil, aos meus 22 anos. Depois da travessia do Atlântico, num navio, durante três semanas, o meu primeiro encontro aqui no Brasil foi, no dia 23 de agosto de 1966, no Rio de Janeiro, com o próprio João Guimarães Rosa. Infelizmente, ele faleceu no ano seguinte, em 1967, no dia 19 de novembro. Por ocasião do cinquentenário de sua morte, foi projetado

---

3 Dörthe Uphoff *et al.* (org.), *75 anos de alemão na USP: reflexões sobre uma germanística brasileira*, São Paulo: Humanitas, 2016.

um filme documentário da Globo News, com o título *Sertanias*. A sobrinha de Guimarães Rosa, Juliana Dametto, que organizou o projeto do filme, me convidou para participar, em julho de 2017, de uma caminhada coletiva através do sertão do rio Urucuia e da Serra das Araras, lugares centrais do enredo de *Grande sertão: veredas*. Esse Caminho do Sertão – de Sagarana ao Grande Sertão: Veredas é organizado anualmente, desde 2014, pela Agência de Desenvolvimento Integrado e Sustentável do Vale do Rio Urucuia, com sede no município de Arinos, no noroeste de Minas Gerais.

Nessa caminhada, de sete dias, percorremos 178 km a pé. Começamos no assentamento ao qual foi dado o nome do livro de estreia de Guimarães Rosa, *Sagarana*, e fomos até o povoado de Morrinhos, à margem do rio Urucuia. No segundo dia, passamos por um sertão muito transformado pela atividade econômica. O cerrado começou a ser desmatado, desde a década de 1960, por causa do carvão; e, mais recentemente, é substituído por extensas fazendas do agronegócio. No terceiro dia, chegamos no ribeirão da Areia, que também aparece no *Grande sertão: veredas*, e, no dia seguinte, atingimos a vila Serra das Araras. No quinto e sexto dias, fizemos a travessia – assim como Riobaldo, com os seus jagunços – pela serra das Araras. Chegamos à vila Chapada Gaúcha, que começou a ser construída a partir de 1976. Lá, participamos da festa popular Encontro dos Povos de *Grande sertão: veredas*. Como se vê, Guimarães Rosa e sua obra estão bem presentes nessa região. No último dia, caminhamos até a entrada do Parque Nacional Grande Sertão: Veredas, que eu já conhecia de uma viagem de pesquisa que fiz em 1998. Do alto do mirante, na entrada, avista-se o vale do rio Carinhanha, que é a divisa entre Minas Gerais e a Bahia. Do lado de lá, começa o Liso do Sussuarão, um desertão composto pelo romancista numa montagem de dados reais e elementos inventados.

Durante a nossa caminhada, passamos, também, por uma escola no Vão dos Buracos – mais um lugar mencionado em *Grande sertão: veredas*. Lembrei-me, então, de um projeto de encenação coletiva que organizei em 2004 e 2005, com a colaboração de vários alunos meus, da USP. Trata-se de uma adaptação teatral livre do episódio imediatamente anterior ao pacto de Riobaldo com o Diabo: o encontro do bando de jagunços com o latifundiário seô Habão. Formamos um trio de atores, representando os personagens de seô Habão, o chefe de jagunços Hermógenes e o protagonista-narrador Riobaldo. Em cada lugar, motivamos dezesseis pessoas do nosso público a fazerem o papel de jagunços. Nossa primeira apresentação pública foi em janeiro de 2004, no Morro da Garça. Durante os anos de 2004 e 2005, nos apresentamos numa dúzia de lugares aqui no Brasil e, também, na França e na Alemanha. Nessas encenações, procuramos reviver o ambiente da violência que caracteriza o cotidiano dos jagunços. Denominamos a nossa montagem de *Atores da violência – atores do diálogo*, porque, depois de ter mergulhado na atmosfera da violência, tratava-se de refletir sobre a maneira como são construídos os discursos de violência, e como podem ser desconstruídos. Juntamente com minha aluna Maira Fanton Dalalio, que fez o papel do Hermógenes e escreveu a sua dissertação de mestrado sobre essa nossa experiência teatral, publiquei, sobre o mesmo tema, o artigo "João Guimarães Rosa: um mestre que ensina a dialogar com o povo". No final de 2017, a professora Fabiana Carelli, coordenadora do Centro de Estudos das Literaturas e Culturas de Língua Portuguesa – Celp, entrou em contato conosco para retomarmos, juntos, o projeto dos *Atores da violência – atores do diálogo*, com alunos da USP, a partir de 2018.

É impressionante como o romance *Grande sertão: veredas*, publicado há mais de sessenta anos, continua atual. Resumindo a obra numa frase, podemos dizer que ela mostra bandos de criminosos exercendo o poder no Planalto Central do país. O narrador-protagonista Riobaldo cita muitas frases de políticos demagogos, como Zé Bebelo, e ele próprio usa essa retórica quando assume o comando do bando dos jagunços. Por meio da nossa seleção de textos, mergulhamos nesse universo de linguagem, trazendo à tona esse tipo de fala para os professores poderem trabalhar esses temas em suas aulas.

Em outubro de 2017, recebi a visita da professora Rosa Amélia Pereira da Silva, que trabalha no Instituto Federal de Brasília, e que conheci durante a caminhada pelo sertão. Ela é autora do livro *Travessias literárias em perspectiva interacionista: teoria e prática*, no qual analisa os contos de Guimarães Rosa e relata experiências de adaptações teatrais. E ela vai desenvolver, comigo, um projeto de pós-doutorado sobre o trabalho com textos de Guimarães Rosa em escolas de comunidades ribeirinhas da região do Urucuia. Então, apesar da minha aposentadoria como professor na graduação, e dos meus quase 74 anos, continuo atuando como "professor sênior" – e interessado no assunto da arte da aula.

Se me lembro de minha primeira aula como professor universitário? Não me lembro, não; só posso esboçar aqui o caminho da minha formação. Vim para o Brasil em 1966, com 22 anos; me formei na USP, como bacharel e licenciado em letras neolatinas, em 1968. Depois daqueles dois anos e meio de estágio, voltei para a Alemanha para fazer doutorado, na Universidade de Bochum, em julho de 1971, com uma tese sobre a evolução da técnica narrativa nos contos de Guimarães Rosa (publicada com o título *Fórmula e fábula*, pela Editora Perspectiva, em 1973). Quando vim definitivamente para o Brasil, em 1971, fui saber, por meio da professora Leyla Perrone-Moisés, que estavam precisando de um professor no curso de pós-graduação em Teoria Literária, na PUC de São Paulo. Entrei nessa turma e tive o privilégio de ter, como colegas, além da professora Leyla, a professora Lucrécia Ferrara, que foi a nossa coordenadora, e os dois poetas Haroldo de Campos e Décio Pignatari. Em 1977, fiz concurso para professor de Literatura Alemã, na USP, e passei a trabalhar nessa universidade, como, aliás, outros colegas do nosso grupo da PUC.

Quanto à experiência de uma aula específica, me lembro de uma que ficou na minha memória até hoje. Era um curso de Introdução à Literatura Alemã Contemporânea, no início do ano letivo de 2003 – portanto, eu já tinha uma experiência de três décadas de trabalho como professor. Nos dias anteriores à minha aula inaugural, tive de resolver várias outras tarefas, de modo que não sobrou tempo para preparar devidamente a aula. O que fazer, então, nessa aula? Aí, me inspirei no livro de um escritor alemão, Thomas Brussig, que, no dia anterior, eu havia encontrado no Instituto Goethe. Em 2001, ele publicou o relato ficcional *Leben bis Männer*, que narra a experiência de um treinador de futebol na Alemanha comunista. Aqui vem ao caso lembrar que, de 1983 até 1986, fiz o curso técnico de ator na Escola de Arte Dramática (EAD) da USP. Sempre gostei de teatro. Voltando à aula de março de 2003, resolvi vestir uma roupa de treinador e dei a Introdução à Literatura Alemã falando sobre o romance. Deu certo, os alunos ficaram motivados. As aulas seguintes foram ministradas da forma tradicional.

Depois de dois meses, chegou a hora de os alunos fazerem seus seminários, como primeira etapa de sua avaliação. Para minha surpresa, o primeiro seminário era em forma de uma apresentação teatral. Aí, eu disse: "Mas o que é isso, gente? Eu esperava um seminário acadêmico." Eles responderam: "Mas, professor, você mesmo começou assim." Então falei: "Tudo bem, fiquem à vontade." No segundo semestre, com a mesma turma, assisti a um seminário que ficou na minha memória. Era sobre o Muro de Berlim e o romance de Peter Schneider, *Der Mauerspringer* [*O saltador do muro*], de 1982. Era no curso noturno. Quando cheguei na porta da sala de aula, tudo estava escuro. Uma aluna me colocou a lanterna na cara e disse, sussurrando: "Pode entrar, professor." A sala estava totalmente escura. A mesma aluna traçou uma linha com um facho de luz e disse: "Esta é a fronteira entre Berlim Ocidental e Oriental. Aos que sentam deste lado, nós serviremos Coca-Cola, e, aos do lado de lá, vodca. Agora, você tem de escolher. E tome cuidado: quem passar esta linha será morto na hora!" Essa encenação foi tão boa, que ficou na minha memória até hoje. O autor dessa aula-mestra não fui eu, mas, de alguma maneira, eu tinha incentivado esse tipo de aprendizagem por meio daquela aula inaugural.

Aí, chegou o fim do ano e os alunos fizeram uma festa, e me convidaram. Como eles sabiam que eu tinha vindo para o Brasil por causa do *Grande sertão: veredas*, eles disseram: "Professor, vamos querer que você dê uma palestra sobre esse romance." Quando cheguei lá, falei: "Não vou dar palestra nenhuma. Durante o ano inteiro vocês apresentaram os seus seminários em forma de teatro, então eu trouxe um roteiro que é uma adaptação cênica de um episódio do romance de Guimarães Rosa. Vamos ensaiar?" Era justamente o roteiro *Atores da violência – atores do diálogo*. Nós ensaiamos e eles gostaram.

Logo no mês seguinte, em janeiro de 2004, fizemos a nossa primeira apresentação pública – no caso, no Morro da Garça, onde acontecia um festival sobre a obra de Guimarães Rosa. A experiência deu muito certo, e seguiram-se apresentações na PUC de Belo Horizonte, no Instituto Goethe de São Paulo, na Virada Cultural no Ibirapuera, em dois colégios da nossa cidade e, já em 2005, na escola do Movimento dos Trabalhadores Rurais Sem Terra (MST), em Guararema. Recebemos, também, um convite para nos apresentarmos em um congresso de pedagogia teatral, na cidade de Lingen, na Alemanha, e em Berlim, minha cidade de origem. E fizemos duas apresentações em Paris. Uma, na Sorbonne; e outra, que foi a melhor apresentação de todas e que ficou na nossa memória, na periferia de Paris. Isso foi em fins de novembro de 2005, três meses depois de o então ministro do Interior, Nicolas Sarkozy, ter dado a declaração de querer limpar com jatos de água a periferia de Paris. Aí, houve uma revolta geral dos jovens da periferia, com dezenas de carros incendiados. Os participantes da nossa apresentação teatral desempenharam os seus papéis de forma brilhante. Eu me lembro, ainda, da fala de um deles: "Para você reivindicar os seus direitos de cidadão, aqui na periferia de Paris, você tem de ter algo de jagunço."

Respondi à sua pergunta sobre a minha primeira experiência de aula de forma muito extensa, e, como vocês ouviram, não foi nem a minha primeira aula, nem foi ela inteiramente minha. Mas é isso que ficou na minha memória, espontaneamente, a respeito da arte da aula. Gostaria de acrescentar mais uma coisa, porque o livro que vocês estão planejando é sobre a arte da aula na universidade. Aí, tenho uma observação a fazer, coisa que não é nada de novo, para vocês. A maioria dos professores universitários fica encastelada no ambiente acadêmico. Acho que essa não é a situação ideal para um país como o Brasil, que precisa, urgentemente, de investimento e criatividade em educação. O maior desafio é encontrar um caminho para que as pessoas das classes pobres, especialmente os jovens que moram na periferia, ingressem na universidade. É preciso estabelecer um diálogo com eles. É nisso que tenho me empenhado nesses últimos anos.

Isso começou com as várias encenações de *Atores da violência – atores do diálogo*. Continuou por meio de uma excursão ao redor do *campus* da USP, que fiz com vários colegas, em maio de 2009, em comemoração aos 75 anos de fundação da Faculdade de Filosofia, Letras e Ciências Humanas. Juntamente com o professor Modesto Florenzano, do Departamento de História, organizei um roteiro que nos proporcionou um diálogo com professores e alunos de vários tipos de escolas: desde a Escola de Aplicação, dentro do *campus* da USP, passando pelo Colégio Santa Cruz, no Alto de Pinheiros, até a Escola Estadual João Cruz Costa, na Vila Jaguaré. Ou seja, de um lado, um bairro com um nível de vida comparável ao da Califórnia; de outro lado, a favela. Completando o circuito em torno do *campus* da USP, visitamos, ainda, as escolas Clorinda Danti, Amorim Lima, a Escola da Vila e a Escola Alberto Torres, na entrada do Instituto Butantan. Veja-se a publicação coletiva "Viagem ao redor do *campus* da Universidade de São Paulo", na *Revista USP*.

No segundo semestre do mesmo ano de 2009, comecei a trabalhar com professores e alunos da periferia de Belém, elaborando adaptações cênicas e montagens teatrais a partir dos romances de Dalcídio Jurandir. Um projeto semelhante é realizado pela professora Rosa Amélia da Silva, com base nas obras de Guimarães Rosa. Ela leciona em Brasília, mas todo mês vai para o vale do Urucuia para organizar cirandas literárias – esse é o nome que ela deu às suas oficinas pedagógicas – com moradores daquelas comunidades.

Se a aula é uma arte? Sim, no sentido de que todas as coisas que a gente quer fazer com capricho têm a ver com a arte. Quanto à arte teatral, fiz a seguinte experiência: logo depois de ter me formado pela EAD, em 1986, dei uma aula em forma de montagem teatral e incentivei os alunos a fazer isso em seus seminários. Aí, deu um grande conflito. Uma metade dos alunos adorou, a outra criticou duramente: "Professor, estamos num curso de letras; não é um curso de teatro!" A conclusão que tirei disso, para mim, foi a seguinte: "Não quero esse tipo de conflito, que é só perda de tempo. Vou dar aulas convencionais de letras e, quando quiser fazer teatro, eu o faço fora daqui." Pratiquei isso ao longo de todos os anos, menos naquele início do ano letivo de 2003. E foi justamente este que mais ficou na minha memória, conforme já relatei.

Se o professor tem alguma coisa de ator? Todos nós somos atores, na medida em que cada um de nós representa vários papéis. A começar pelas diversas tarefas diárias: exercemos o papel de pai ou mãe, de limpadores da casa, de cozinheiros ou cozinheiras; exercemos os mais diversos ofícios profissionais e, também, aparecemos nos papéis de transeuntes, consumidores, frequentadores de espetáculos etc. Todos esses são papéis. Além disso, temos, também, a capacidade de fingir. O ator, como o poeta, é um fingidor. É uma das coisas que mais aprecio na experiência de teatro. Ao representar um papel, você aprende a identificar melhor o que é verdade e o que é *fake*. Tudo isso pode ajudar na arte de dar aulas. A base é um bom conhecimento e uma boa preparação da matéria a ser apresentada, um entendimento das necessidades dos alunos, a capacidade de motivá--los, de ouvi-los, de dialogar com eles.

Quando vocês me convidam para refletir sobre a arte da aula, me lembro da minha professora na escola primária, Ilse Hey Kemper, que vive em Berlim e acaba de fazer 91 anos, a quem visito sempre, quando viajo até minha cidade de origem. Ilse foi minha professora numa escola pública no bairro de Waidmannslust, no norte de Berlim, de 1950 a 1954, ou seja, dos meus 6 aos meus 10 anos. O curso dela que mais me marcou foi o de *Heimatkunde* (estudos sobre a nossa terra); guardei o meu caderno desse curso até hoje. Ela nos introduziu ao mundo por meio das aulas. E, também, organizou montagens teatrais com os alunos. Naquela época, ainda não tinha feito teatro, mas de alguma forma aquela atividade lúdica acabou repercutindo em mim.

Da importância que teve, para mim, o referido curso de *Heimatkunde*, me dei conta mais de quatro décadas depois. Foi em 1997, na Universidade de Stanford, onde dei, como professor visitante, um curso de literatura brasileira. O título desse curso foi Da Metrópole através do Sertão até a Amazônia, mencionando exatamente os temas com os quais venho trabalhando desde os anos de 1980: a metrópole, por meio de Walter Benjamin; o sertão, por meio de Guimarães Rosa; e a Amazônia, por meio de Dalcídio Jurandir. Ou seja, o meu projeto de pesquisa é uma topografia cultural do Brasil. Por quem ele foi inspirado? Pela minha professora primária! Posso comprová--lo, mostrando-lhes o meu caderno das aulas de 1953. Lá, está o texto intitulado "A nossa sala de aula". As palavras *Unser Klassenzimmer* podem ser traduzidas, também, como "o espaço da nossa classe". Assim, junta-se, ao significado topográfico, uma conotação sociológica. Então, como se apresenta o espaço da nossa aula e da nossa classe? Em 2009, quando demos a volta ao redor do *campus* da USP, fui convidado a dar uma pequena palestra final na escola Clorinda Danti. Falei, espontaneamente, sobre a nossa sala de aula e sobre a nossa classe. Depois me dei conta de que a inspiração da minha fala foi a aula dada, em 1953, pela minha professora da escola primária.

O tema seguinte do referido curso de *Heimatkunde* foi o espaço do pátio da nossa escola, onde a gente se encontrava, brincava e conversava com os alunos das outras classes. Como se apresenta a rua onde se localiza a nossa escola? E o bairro: quando foi fundado, e de onde veio o nome Waidmannslust ("alegria do caçador")? O nome da aldeia vizinha, Lübars, vem de uma palavra eslava, porque, na Idade Média, tinha muitos moradores eslavos nos arredores de Berlim. Aliás, a nossa professora, nascida em 1926, fez a escola normal sob o regime nazista e se formou aos 19 anos, justo no ano em que a guerra acabou. Naquele ano de 1945, Berlim foi conquistada pelas tropas soviéticas. Ilse, graças a Deus e à ajuda de uma vizinha, que era de origem russa, não sofreu nada.

Sobre a entrada dos russos em Berlim, em 1945, ouvi duas versões muito diferentes. Uma, da Ilse, que já referi. Ela recomendou, inclusive, à minha mãe, que eu continuasse os estudos no Colégio Francês, também uma escola pública, de elite. Entrei lá em 1954, aos 10 anos, e me formei em 1963. Na Alemanha, eram, ao todo, treze anos de escola – quatro de primário e nove de colégio. Até hoje, me encontro com os meus colegas de turma, de cinco em cinco anos. O próximo encontro será em junho de 2018. Então, nesse colégio, uma professora falou o seguinte: "Quando os russos entraram aqui, em Berlim, em 1945, foi uma barbaridade!" Não seria o caso de perguntar, em contrapartida, o que os alemães fizeram na Rússia, quando invadiram aquele país? Já a minha professora da escola primária, como relatei, falou: "Olhe, o nome dessa aldeia vizinha, que tem 750 anos, vem de uma palavra eslava, *ljuba*, amor." São modos bem diferentes de ensinar a história, não é?

Mas qual foi o ponto de partida? A arte de dar aula. Devo o meu amor pela profissão aos meus melhores professores, a começar pela Ilse, e a continuar pelos professores Antonio Candido, da USP, e Eberhard Lämmert, da Freie Universität Berlin. Antes de me tornar estudioso de literatura e história, experimentei um pouco de tudo: economia, descobrindo, logo na primeira aula, que contabilidade não era para mim; depois, meteorologia; e, depois, física – eu queria me tornar um físico nuclear. Aí, descobri que as minhas habilidades em matemática eram insuficientes. Transcorrido um ano, consultei uma amiga: "Você acha que ainda dá para eu mudar?" "Sim, Willi, se você sente necessidade." Eu estava lendo muitas obras literárias nessa época, muitos romances. E, aí, optei definitivamente pelos estudos literários, ligados à história e às outras ciências sociais – e é isso que me interessa, até hoje.

Se considero a aula um momento importante de formação para o estudante? Sim, a aula é fundamental, como espaço e tempo de conhecimento e de formação. É uma interação, face a face, entre aluno e professor, junto com os outros alunos. Voltando ainda ao Colégio Francês, não quero criticar os professores, apenas acho que eles foram regulares. Por outro lado, ouvi falar de dois outros professores que eu gostaria de ter tido como mestres, mas não tive essa sorte. Um foi professor de grego, outro foi professor de alemão. No mais, não tenho nenhum motivo para desprestigiar o Colégio Francês, muito pelo contrário. O colégio tem mais de 300 anos – foi fundado por huguenotes expulsos da França e recebidos pelo governo da Prússia. Recebeu, inclusive, a visita do imperador dom Pedro II – como fiquei sabendo em 2013, quando visitei a escola, juntamente com meus colegas da turma de 1963.

O que considero fundamental na aula é a interação com os colegas. Quanto a isso, tive companheiros excelentes. Tanto assim que todos nós, que concluímos o colégio em 1963, nos reencontramos regularmente até hoje. No Colégio Francês, a partir de um dado momento, você tem de escolher se segue o ramo de grego ou de inglês. Aí, pensei, "inglês posso aprender fora da escola", e optei pelo ramo de grego. Nós, alunos, nos incentivamos muito, e temos um vivo diálogo até hoje. Foi uma aprendizagem conjunta, que incluía, também, viagens e encontros com alunos da França, seguidos de experiências de intercâmbio. Duas vezes, aos 13 e 15 anos, fui passar um mês inteiro com a família de um jovem francês. Isso era especialmente importante na Alemanha do pós-guerra. Nesse país, com um então recente passado nazista e ultranacionalista, tive a sorte de frequentar, durante nove anos, um colégio que me fez aprender uma outra língua e mergulhar em outra cultura. O Colégio Francês de Berlim me abriu o caminho para o mundo das línguas de cultura neolatina e me deu uma sólida base para a aprendizagem do português.

Se já descobri alguma coisa durante a aula, no ato da aula? Sem dúvida, embora neste momento ainda não saiba dizer exatamente o que foi. Talvez me ocorra no decorrer da nossa conversa. Coisas que estão apenas latentes na nossa cabeça podem se tornar *insights* no diálogo com os alunos. Ainda mais quando o curso trata de autores tão estimulantes como Walter Benjamin. Num dos últimos cursos de graduação que dei, deve ter sido por volta de 2007, tive uma aluna que inventou um jogo de tabuleiro que era uma viagem através da cidade de Paris, com base nas *Passagens* de Walter Benjamin. Adorei aquilo! Essa coisa lúdica você encontra, também, no teatro. É importante trazer isso para a sala de aula e combiná-la com o estudo do pensamento. Às vezes, você recebe estímulos de aulas a que não assistiu, mas das quais ouviu falar. Por exemplo, esse professor de grego do Colégio Francês, com quem não estudei. Ele despertou nos alunos a ideia de fazer uma viagem de formação para a Grécia. Essa vontade ficou na minha cabeça desde os 17 ou 18 anos. Será que um dia eu poderia realizar essa viagem? Sim, mas apenas meio século depois.

Em 2010, quando já estava com 66 anos, fiz, juntamente com minha mulher, uma viagem à Grécia, visitando os lugares que sempre quis conhecer. Começamos em Atenas e, de lá, pegamos um barco, navegando, via ilha de Lesbos, até a Turquia. Continuando de ônibus, chegamos à cidade de Çanakkale, que fica perto do Bósforo, no final do Mediterrâneo. No dia seguinte, pegamos outro ônibus, 30 km de volta, e chegamos em Troia. Eu tinha levado, na bagagem, a *Ilíada*, numa edição bilíngue, alemão e grego. Aí, *in loco*, reli essa obra fundamental. Na volta para Atenas, de barco, só fomos até o porto de Pireu, de onde embarcamos direto para a ilha de Creta. Eu queria conhecer o famoso labirinto, onde viveu o Minotauro. Novamente de volta ao Pireu, fomos até Ítaca, ilha natal de Odisseu. Aí, eu já tinha trocado a *Ilíada* pela *Odisseia*. Toda essa apaixonante viagem literária foi fruto da arte da aula de um professor a cujas aulas nunca assisti.

Como é o meu trabalho de preparação das aulas? Uma vez que agora estou dando somente cursos de pós-graduação, estou me preparando para o curso a ser dado no segundo semestre de 2018, sobre a *Viagem pelo Brasil*, de Spix e Martius. A escolha desse tema se deve ao bicentenário dessa viagem dos dois naturalistas alemães. Juntamente com Eckhard Kupfer, diretor do Instituto Martius-Staden, com quem editei os livros *500 anos de relações brasileiras e alemãs*, em 2013, e *Relações entre Brasil e Alemanha na época contemporânea*, em 2015, estou preparando uma exposição e refazendo trechos da viagem, atividades que devem resultar, depois, em mais um livro. Para essa publicação, vamos convidar especialistas de várias disciplinas, inclusive a historiadora Karen Macknow Lisboa, com quem darei o referido curso de pós-graduação.

A viagem de Spix e Martius pode ser subdividida em três partes, conforme a publicação do seu relato de viagem em três volumes. Na primeira parte foram conhecer a região Sudeste, sobretudo Rio de Janeiro e São Paulo, de onde prosseguiram em direção a Minas Gerais, até Ouro Preto. Na segunda parte, foram até Diamantina, atravessando, em seguida, os sertões de Minas, da Bahia e do Piauí, até São Luís do Maranhão. E a terceira parte da viagem foi dedicada à Amazônia. Em março de 2017, Eckhard Kupfer e eu refizemos, com dois cineastas, o trecho de Ouro Preto a Diamantina. Disso resultaram um filme documentário, uma conferência em PowerPoint, com mapas e fotografias, e um artigo de revista. Todos esses materiais serão utilizados no curso de pós-graduação. Assim como os materiais que foram colhidos no início de março de 2018, numa travessia nossa da caatinga entre Monte Santo e o riacho de Bendegó, onde Spix e Martius foram ver o meteorito. Materiais complementares serão coletados em julho de 2018, quando vamos refazer a travessia do sertão de Minas, do Araçuaí até o rio Carinhanha. Nessas retomadas dos trechos mais significativos da viagem dos dois naturalistas, procuramos mostrar as continuidades e as mudanças ocorridas nesses lugares. Além disso, trata-se de um diálogo entre duas culturas, entre a visão dos habitantes locais e a dos viajantes forasteiros. Um marcante exemplo de diálogo intercultural é o estudo de Paris, "a capital do século XIX", por meio do olhar de Walter Benjamin.

Uma coisa que aprendi com Walter Benjamin é a sua maneira de relacionar o estudo da literatura com o da topografia cultural. Ele dialoga intensamente com a obra de Baudelaire, habitante nativo de Paris. Mas não estuda Baudelaire por Baudelaire, ou seja, a literatura pela literatura, mas usa a literatura, como meio de conhecimento específico e irredutível, para conhecer a realidade social.

Voltando à sua pergunta sobre como preparo uma aula: no caso da viagem de Spix e Martius, vou projetar o filme documentário e as fotos dos lugares com seus moradores. Assim, os alunos poderão ter uma percepção *estética* da viagem, no sentido etimológico da palavra, ou seja, apreendê-la concretamente, por meio dos sentidos. É essa, também, a função das gravuras que acompanham o texto escrito por Spix e Martius. O professor precisa, também, motivar os alunos. Em primeiro lugar, procurar saber o que eles esperam do curso no qual se inscreveram. Assim, por exemplo, quando dei, em 2016, mais uma vez, um curso sobre as *Passagens* parisienses de Benjamin, perguntei a cada um dos alunos: "Qual é a sua expectativa em relação a esse curso?" Quero me sintonizar com os alunos, não quero impor um determinado tipo de aula. Evidentemente, desejo transmitir a eles os aspectos que considero os mais relevantes. Mas quero, também, saber o que eles esperam, e tentar corresponder a isso. Aqui se coloca uma questão mais abrangente: o que é cultura? A meu ver, é a seleção e transmissão de um conjunto de valores da geração mais velha para a geração mais nova. Nesse sentido, já falei de vários professores meus e, também, de colegas com os quais aprendi. Fazer uma seleção de valores e passar esse legado para a próxima geração, que então decidirá, por sua vez, quais são os valores mais relevantes. Nas aulas, tem uma parte expositiva e uma parte de diálogo. No final do curso, quando os alunos apresentam seus trabalhos, estes servem, também, para o professor poder verificar em que medida as suas aulas promoveram um processo de aprendizagem.

Uma boa aula é uma aula da qual o aluno sai motivado e incentivado a fazer um trabalho próprio. Em qualquer ofício, o trabalho que realizamos diariamente influi no nosso modo de ser e de pensar. No caso de letras, o que acho particularmente importante e interessante é a atenção às palavras. Quando ouvi, por exemplo, outro dia, no rádio, um magistrado dizer que ele "queria facilitar a dificuldade", cheguei à conclusão de que assim não dá! Esse tipo de fala atrapalhada pode contagiar os ouvintes. Mesmo que o português não seja a minha língua materna, quero cuidar para que as palavras sejam usadas da melhor maneira.

Dou, aqui, dois exemplos: com uma colega aprendi a nunca mais dizer "na vez passada". Quando usei essa expressão, ela replicou: "Mosquito frito." Aprendi também, na correção do meu livro *Fisiognomia da metrópole moderna*, a substituir a expressão "ao invés de" por "em vez de". Em vez de falar atrapalhado, vamos tentar falar direito.

Se a aula pode transformar o estudante? Sem dúvida. Uma boa aula pode até motivar o aluno a se tornar também professor. E, no caso negativo, pode desestimulá-lo de vez. Brincamos muito com isso, durante as montagens teatrais que fizemos em Belém, com os textos de Dalcídio Jurandir. No romance *Primeira manhã,* de 1967, que descreve a experiência do jovem Alfredo no seu primeiro dia de aula no ginásio, o professor de português propõe para os alunos este "poema magnífico": "Surge, perianto em pompa, heril a forma egrégia." "Vocês não querem comentar?" Imaginem o efeito de uma frase dessas para alunos de 12 anos. Mesmo doutores em letras têm toda dificuldade em decifrar esse imbróglio linguístico. Em seguida, o professor cita uma frase em latim: *Aesopus auctor quam materiam repperit*. Quando os alunos permanecem em silêncio, ele começa a xingá-los: "Seus gansos depenados! Vocês deveriam estar pastando nos capinzais na periferia da nossa cidade. E, já que vocês não entendem a nossa língua, que vem da língua que Roma falou, vamos para um texto mais fácil." Aí, ele escreve no quadro-negro e declama: "Amai a choupana pobre, mas feliz, onde gorjeia a infância gárrula no descuido da felicidade rural." Imaginem uma frase dessas diante de uma classe de alunos que vivem na favela. Com esse tipo de descrição de aula, que beira a caricatura, Dalcídio Jurandir chama a atenção para um ensino que está descompromissado com a realidade. Durante as nossas montagens teatrais, a gente se divertiu muito com esse tipo de brincadeira com determinados conteúdos didáticos.

Várias brincadeiras foram anotadas, também, neste caderno comemorativo, organizado por duas colegas minhas do Colégio Francês, por ocasião da nossa formatura, em 1963. Vejam, por exemplo, este agradecimento irônico em relação ao diretor da escola: "Merci to have make us safe for democracy." A ironia aumentou quando foi descoberto, depois, o seu envolvimento com o partido nazista. A professora de matemática, perguntando se o aluno Klaus "já se foi" – ela quis dizer: "Será que Klaus já foi para casa?" O professor de alemão, para o Christian: "O que você está conversando aí, contigo?" Outro professor de alemão, para o Reinhard: "Para de falar tanta besteira. Deixa isso para mim." E o professor de geografia: "A população do Brasil é de 65 milhões de toneladas." Esses são alguns exemplos da arte da aula com a qual nos brindaram os professores do Colégio Francês. Um tipo de ensino maravilhoso, não é?

Se tive de lidar com a apatia dos alunos? Felizmente, nunca tive de lidar com casos de apatia. Naturalmente, há, em cada classe, graus diferentes de interesse: alunos mais motivados, alunos medianos e alguns poucos que não demonstram muita motivação. Mas apatia, alunos bocejando, felizmente não tive. No mais, na área de alemão, em que dei as minhas aulas de graduação, os grupos não são grandes. Você tem uma média de vinte a trinta alunos.

Gostaria de concluir essa nossa conversa com a citação da fala de um indígena, que escolhi como epígrafe do já referido artigo nosso "Viagem ao redor do *campus* da Universidade de São Paulo". Essa fala está afixada na maloca, no pátio da Escola Amorim Lima, aqui, no bairro do Butantã: "Vocês, com suas construções retangulares, deixam o conhecimento ficar pelos cantos. Entre nós, que construímos de forma redonda, o conhecimento circula."

SOBRE OS AUTORES

PREFACIADOR

José Pacheco, professor aposentado da Escola da Ponte (São Tomé de Negrelos, Portugal), é autor de *Aprender em comunidade* (SM), entre outros livros.

ENTREVISTADOS

Alcir Pécora, professor do Departamento de Teoria Literária da Unicamp, é autor de *Máquina de gêneros* (Edusp), entre outros livros.

Ataliba de Castilho, ex-professor de língua portuguesa na Unesp/Marília, do Departamento de Linguística da Unicamp e de filologia e língua portuguesa na USP, é autor de *Nova gramática do português brasileiro* (Contexto), entre outros livros.

Franklin Leopoldo e Silva, professor aposentado do Departamento de Filosofia da USP, é autor de *Universidade, cidade, cidadania* (Hedra), entre outros livros.

Isabel Loureiro, professora aposentada do Departamento de Filosofia da Unesp/Marília, é autora de *A Revolução Alemã* (Editora da Unesp), entre outros livros.

João Adolfo Hansen, professor aposentado do Departamento de Letras Clássicas e Vernáculas da USP, é autor de *A sátira e o engenho: Gregório de Matos e a Bahia do século XVII* (Editora da Unicamp), entre outros livros.

Leon Kossovitch, professor aposentado do Departamento de Filosofia da USP, é autor de *Condillac: lúcido e translúcido* (Ateliê), entre outros livros.

Marilena Chaui, professora aposentada do Departamento de Filosofia da USP e ex-secretária municipal de Cultura de São Paulo, é autora de *A nervura do real* (Companhia das Letras), entre outros livros.

Olgária Matos, professora aposentada do Departamento de Filosofia da USP, é autora de *Benjaminianas: cultura capitalista e fetichismo contemporâneo* (Editora da Unesp), entre outros livros.

Renato Janine Ribeiro, professor aposentado do Departamento de Filosofia da USP e ex-ministro da Educação, é autor de *A pátria educadora em colapso* (Três Estrelas), entre outros livros.

Willi Bolle, professor aposentado do Departamento de Letras Modernas da USP, é autor de *Fisiognomia da metrópole moderna: representação da história em Walter Benjamin* (Edusp), entre outros livros.

ORGANIZADORES

Denilson Soares Cordeiro é professor de filosofia na Universidade Federal de São Paulo.

Joaci Pereira Furtado é professor dos cursos de arquivologia e biblioteconomia da Universidade Federal Fluminense.

FOTÓGRAFA

Maria do Carmo Bergamo é graduada em arquitetura pela USP e fotógrafa.

Fontes Tiempos Text e Fakt Slab
Papel Pólen soft 70 g/m²
Impressão Colorsystem
Data Junho de 2019

MISTO
Papel produzido a partir
de fontes responsáveis
FSC® C084825
FSC
www.fsc.org